[Wissen für die Praxis]

Weiterführend empfehlen wir:

Johannes Heinen
**Rechtsgrundlagen Feldjägerdienst**
ISBN 978-3-8029-6533-3

Catri Tegtmeier, Michael A. Tegtmeier
**PTBS – Das unsichtbare Leid**
ISBN 978-3-8029-6239-4

Walhalla Fachredaktion
**Vorsorge-Handbuch Auslandseinsatz**
ISBN 978-3-8029-6259-2

Weitere Titel unter: www.WALHALLA.de

THOMAS ENKE

# LANDMINEN UND MUNITION IN KRISENGEBIETEN

## SICHERHEITSHANDBUCH FÜR EINSATZ- UND HILFSKRÄFTE

WALHALLA

**Bibliografische Information der Deutschen Nationalbibliothek**
Die Deutsche Nationalbibliothek verzeichnet diese Publikation in der Deutschen Nationalbibliografie; detaillierte bibliografische Daten sind im Internet über http://dnb.dnb.de abrufbar.

Zitiervorschlag:
Thomas Enke, Landminen und Munition in Krisengebieten.
Walhalla Fachverlag, Regensburg 2017


Bilder: Thomas Enke
Produktion: Walhalla Fachverlag, 93042 Regensburg
Printed in Germany
ISBN 978-3-8029-6225-7

# SCHNELLÜBERSICHT


I DIE BEDROHUNG 17

II ERKENNEN VON MÖGLICHEN GEFAHREN DURCH LANDMINEN, KAMPFMITTEL UND IEDS IN EINEM EINSATZLAND 69

III EINFACHE SICHERHEITSREGELN ZUR GEFAHRENMINIMIERUNG 101

IV NOTFALLVERFAHREN 131

V VERHALTENSREGELN NACH EINEM UNFALL BZW. ANSCHLAG MIT MINEN, KAMPFMITTELN ODER IEDS 147

VI ANHÄNGE 157

NOTFALL-ANSPRECHPARTNER 199

NOTIZEN 201

# INHALT

| | | |
|---|---|---|
| | Vorwort | 11 |
| | Einführung | 13 |
| **I** | **DIE BEDROHUNG** | **17** |
| 1 | **Landminen** | 21 |
| 1.1 | Schützenabwehrminen | 24 |
| 1.1.1 | AP-Minen mit Druckwirkung | 24 |
| 1.1.2 | Splitterbildende AP-Minen | 26 |
| 1.1.2.1 | Stockminen | 26 |
| 1.1.2.2 | Schützenabwehrminen mit gerichteter Splitterwirkung | 29 |
| 1.1.2.3 | Springminen | 30 |
| 1.1.2.4 | Schützenabwehrminen mit einer Hohlladung | 32 |
| 2. | **Anti-Fahrzeugminen** | 33 |
| 3 | **Kampfmittel** | 36 |
| 3.1 | Granaten | 40 |
| 3.2 | Mörserpatronen | 43 |
| 3.3 | Schüttbombenbehälter, Submunition und Bomblets | 45 |
| 3.4 | Raketen und Lenkflugkörper | 49 |
| 3.5 | Rohrwaffenmunition | 52 |
| 3.6 | Bomben | 56 |
| 3.7 | Zünder | 58 |
| 4 | **Unbewachte, weggeworfene oder zurückgelassene Munition** | 61 |
| 5 | **Sprengfallen sowie Unkonventionelle Spreng- und Brandvorrichtungen (USBV – IEDs)** | 63 |

## II ERKENNEN VON MÖGLICHEN GEFAHREN DURCH LANDMINEN, KAMPFMITTEL UND IEDS IN EINEM EINSATZLAND 69

**1 Problem: Die genaue Unterscheidung ... 73**
1.1 Warnschilder ... 73
1.1.1 Offizielle Warntafeln ... 74
1.1.2 Nicht offizielle (behelfsmäßig hergestellte) Warntafeln ... 77

**2 Hinweise auf eine Gefahr ... 79**
2.1 Sichtbare Minen, Kampfmittel und IEDs ... 80
2.1.1 Kanten und Umrisse von eingegrabenen Minen, herausragende Metall- oder Holzstöcke ... 80
2.1.2 Unbewachte, weggeworfene oder zurückgelassene Munition (ERW) ... 81
2.2 Drähte und Absperrungen ... 82
2.3 Kipphebel und Zünder ... 82
2.4 Weggeworfene Verpackung, Behälter und militärische Ausrüstung ... 83

**3 Anzeichen für Kampfhandlungen oder militärische Aktivitäten ... 84**
3.1 Gräben, Wälle, Bunker und Stellungen ... 84
3.2 Beschädigte, verlassene oder zerstörte zivile und militärische (Kampf-)Fahrzeuge ... 84
3.3 Beschädigte oder zurückgelassene Waffen ... 85
3.4 Militärische Kontrollpunkte und Grenzgebiete ... 85
3.5 Bereiche in der Nähe von militärischen Gebäuden und Einrichtungen ... 86
3.6 Brücken, Dämme und deren nähere Umgebung ... 86
3.7 Straßen und Wege ... 87
3.8 Öffentliche Verkehrseinrichtungen ... 88

3.9 Elektrische Versorgung und wasserbauliche Anlagen ... 89
3.10 Schattige Bereiche, Obstbäume, Wasserquellen, Brunnen und Sandbänke, sowie Höhleneingänge ... 89
3.11 Bauhöfe und Baustellen ... 90

**4 Hinweise auf Gefährdungen: Kadaver von Tieren und (orts-)unübliche Gegenstände ... 91**
4.1 Veränderungen der Vegetation oder in der Bodenbeschaffenheit ... 91
4.2 Verlassene Dörfer und überwucherte Bereiche ... 92
4.3 Verlassene oder zerstörte Gebäude ... 92
4.4 Zweige oder Baumstämme, die über Wege und Straßen gelegt wurden ... 92
4.5 Explosionskrater ... 93
4.6 Ungenutzte oder überwucherte Wege, Straßen und Felder ... 94
4.7 Kadaver und Skelette ... 94
4.8 Ungewöhnlich oder deplatziert erscheinende Objekte ... 94

**5 Verhalten der lokalen Bevölkerung ... 95**
5.1 Untypisches Verhalten ... 96
5.2 Verbotene Zonen ... 98
5.3 Schrottsammler und Fischer ... 98

**III EINFACHE SICHERHEITSREGELN ZUR GEFAHRENMINIMIERUNG ... 101**

**1 Basiswissen – Einfache Regeln retten Leben ... 103**
1.1 Risikobehaftetes Verhalten ... 105
1.1.1 Bewusste Inkaufnahme eines Risikos ... 105
1.1.2 Unabsichtliche Inkaufnahme eines Risikos ... 107

**2 Wahrheit und Dichtung über Minen und Kampfmittel ... 109**

**3 Sicherheitshinweise für Gruppen ... 113**

**4 Sicherheitshinweise für Einzelreisende ... 116**

4.1 Grundlegende Sicherheitshinweise ... 116

4.2 Vorbereitet sein ... 117

4.2.1 Sicherheitstraining über Minen, Kampfmittel und IEDs und Erste-Hilfe-Training ... 117

4.2.2 Informationen über die Sicherheitslage einholen ... 118

4.2.3 Erste-Hilfe-Ausrüstung ... 118

4.2.4 Kommunikation ... 118

4.2.5 Minenkarten ... 118

4.3 Abschätzen des örtlichen Risikos ... 119

4.4 Überprüfen Sie Ihr Verständnis für die Bedrohung ... 123

4.4.1 Reisen in einem Fahrzeug ... 125

4.4.2 Reisen zu Fuß ... 128

**IV NOTFALLVERFAHREN 131**

**1 Sichere Rückkehr aus einem minen- oder kampfmittelkontaminierten Gebiet ... 133**

1.1 Notfallverfahren, falls Sie in ein gefährliches Gebiet hineingelaufen sind ... 134

1.1.1 Kennzeichnen und Melden ... 136

1.1.2 Zurückverfolgen der eigenen Fußstapfen ... 137

1.1.3 Prodding (Stochern nach Gegenständen) ... 138

1.2 Notfallverfahren bei Nutzung eines Fahrzeuges ... 139

1.2.1 Zurückfahren in den eigenen Spuren ... 141

**2 Notfallmaßnahmen bei einem IED-Anschlag ... 142**

2.1 Auffinden eines IED ... 142

2.2 Explosion eines IED ... 145

V VERHALTENSREGELN NACH EINEM UNFALL BZW. ANSCHLAG MIT MINEN, KAMPFMITTELN ODER IEDS 147

1 **Richtig handeln – auch als Zeuge** 149
1.1 Bergung nach einer Explosion 150
1.2 Erste Hilfe leisten 152

VI ANHÄNGE 157

Anhang 1: Die Nutzung einer Route Card 159
Anhang 2: Schutz des Fahrzeuges 170
Anhang 3: Der 5/25 m Check 172
Anhang 4: Weitere Bedrohungen 175
Anhang 5: Schutzabstände 181
Anhang 6: 9 Liner 182
Anhang 7: Begriffsbestimmungen 184
Anhang 8: Abkürzungsverzeichnis 190
Anhang 9: Weitergehende Informationen 196

NOTFALL-ANSPRECHPARTNER 199
NOTIZEN 201

# VORWORT

Dieses Handbuch ist die deutsche Version des „Landmines, Explosive Remnants of War and Improvised Explosive Devices Safety Handbook“, übersetzt in etwa mit „Sicherheitshandbuch für den Aufenthalt in Gebieten unter einer Gefährdung durch Landminen, explosiven Überresten von Kriegsereignissen und Unkonventionellen Spreng- und Brandvorrichtungen“. Es wurde durch den United Nations Mine Action Service (UNMAS) in New York erstellt und inzwischen vom englischen Original ins Französische und Arabische übersetzt. Der United Nations Mine Action Service (re-)agiert auf die Herausforderung, die durch die Bedrohung von Minen, Kampfmitteln und Unkonventionellen Spreng- und Brandvorrichtungen entstanden ist. Er koordiniert und finanziert weltweit die Kampfmittelabwehr mit einem Budget von jährlich etwa 200 Millionen Dollar.

Dieses Handbuch ersetzt das ebenfalls von den Vereinten Nationen 2005 herausgegebene „Landmines and Unexploded Ordnance Safety Handbook“, welches auf dem 1997 veröffentlichten „Mine Safety Handbook“ von CARE basiert. Das Handbuch wurde mit jeder Ausgabe grundlegend erweitert, was bereits an den immer ausführlicheren Titeln zu erkennen ist. Bei jeder Neuausgabe wurden neue Entwicklungen und Bedrohungen auf dem Gebiet der Kampfmittel und der Kampfmittelräumung wie auch im Bereich der medizinischen Notfallversorgung eingepflegt. Der ständig gestiegenen Bedrohung durch Unkonventionelle Spreng- und Brandvorrichtungen (USBV) oder Improvised Explosive Devices (IEDs) geschuldet wurde dieser Gefahr in der dritten Ausgabe ein eigenständiges Kapitel gewidmet. Aufgrund der gängigen Bezeichnung IEDs wird diese Abkürzung in den folgenden Kapiteln der deutschen Bezeichnung USBV vorgezogen.

Das vorliegende Handbuch folgt den Informationen und Empfehlungen der „International Guidelines for Landmine and Unexploded

Ordnance Awareness Education" - Internationale Empfehlungen für die Unterrichtung der Bevölkerung vor den Gefahren von Landminen und explosiven Überresten von Kriegsereignissen - entwickelt 1999 durch den United Nations Children's Fund (UNICEF) und den „International Mine Action Standards (IMAS)" - Internationale Standards für die Minenräumung -, herausgegeben durch die Vereinten Nationen (www.mineactionstandards.org). Das vorliegende Handbuch ist auch Teil des „Landmine Safety Project" - Projekt für den sicheren Umgang mit Landminen - von UNMAS zur Verhinderung von Unfällen in kampfmittelverseuchtem Gelände. Mit Umgang ist hier nicht nur das Minenräumen (Demining) gemeint, sondern das Leben und Arbeiten in einem kampfmittelverseuchten Gebiet.

# EINFÜHRUNG

Bis zum Januar 2015 hatten 162 Staaten den Vertrag über die Ächtung von Schützenabwehrminen (landläufig und besser als Anti-Personen-Minen – AP-Minen – bezeichnet) ratifiziert. Im „Anti-Personnel Mine Ban Treaty“ oder Ottawa-Abkommen akzeptieren die unterzeichnenden Staaten, keine AP-Minen herzustellen, zu lagern oder zu gebrauchen. Weiterhin erklären sie sich mit der Vernichtung ihrer Bestände einverstanden und unterstützen die Rehabilitationsmaßnahmen von Minenopfern.

Weltweit stellen Landminen und Kampfmittel eine nicht zu unterschätzende Gefahr dar. Dabei ist es unerheblich, ob die Munition als Blindgänger in einem ehemaligen Kampfgebiet aufgefunden wird oder in einem verlassenen Munitionsdepot liegt. Hinzu kommt die ständig gestiegene Bedrohung durch IEDs, die jeden treffen kann.

Verlassene militärische Einrichtung in Afghanistan

Dieses Handbuch ist keine Anleitung für den Umgang mit Landminen und anderen explosiven Gegenständen. Es richtet sich auch nicht speziell an die Personen, die täglich mit dem Räumen von Minenfeldern, Kampfmitteln oder auch IEDs beschäftigt sind. Es richtet sich an jedermann, der in irgendeiner Weise in einem Auslandseinsatz involviert ist. Das kann der Soldat sein, der in einem Feldlager beschäftigt ist, der Polizist, der in einer Ausbildungseinrichtung lehrt oder der Entwicklungshelfer, der in einem Ort eine lebenswichtige Einrichtung aufbaut. Jeder kann dabei mit Minen, Kampfmitteln oder IEDs in Berührung kommen.

Es geht darum, auf Gefahren durch Kampfmittel jeglicher Art hinzuweisen und allgemeingültige Grundlagen für einen sicheren Aufenthalt in einem kampfmittelbelasteten Gebiet aufzuzeigen:

- Beachten von einfachen Sicherheitshinweisen,
- Kontakt mit Landminen, Kampfmitteln und IEDs,
- Verhalten bei einem Notfall in einem kampfmittelbelasteten Gebiet oder bei Explosionen, Anschlägen oder sonstigen unerwarteten Ereignissen mit Munition.

Die Annäherung oder der Aufenthalt in der Nähe von Minen und Kampfmitteln ist immer mit Gefahren verbunden. Die Suche oder der Umgang mit Minen und Kampfmitteln sollte zur eigenen Sicherheit den Spezialisten überlassen werden.

Dieses Handbuch gibt grundlegende Informationen zum Aufenthalt in kampfmittelbelasteten Gebieten und ist nicht auf einen speziellen Einsatzort zugeschnitten. Auch können nicht alle gefährlichen Situationen, die in einem Auslandseinsatz (aber auch in Deutschland) vorkommen können, angesprochen werden. Es kann nur Grundlagen bieten und das Verständnis für Sicherheitsbestimmungen wecken. Daher ist es unerlässlich, vor und während eines Auslandseinsatzes spezielle Informationen über die genauen Verhältnisse und die Gefährdung vor Ort einzuholen.

Wenn immer möglich (und das ist eine der wichtigsten Regeln) sollten Informationen von landeskundlichen Beratern und Spezialisten aus dem Bereich der Kampfmittelabwehr herangezogen werden.

Das Handbuch ist in fünf Kapitel gegliedert:

- Kapitel I: Die Bedrohung: Aufbau und Einsatz von Landminen, Kampfmitteln und IEDs,
- Kapitel II: Erkennen von möglichen Gefahren durch Landminen, Kampfmittel und IEDs in einem Einsatzland,
- Kapitel III: Einfache Sicherheitsregeln zur Gefahrenminimierung,
- Kapitel IV: Verfahren für eine sichere Rückkehr aus einem Minenfeld oder einem kampfmittelbelasteten Gebiet, bzw. bei einem IED-Anschlag
- Kapitel V: Verhaltensregeln nach einem Unfall mit Minen oder Kampfmitteln bzw. Anschlag mit Minen, Kampfmitteln oder IEDs.

Die Anhänge bieten Beispiele für die Planung, Ausrüstung und Durchführung von Reisen durch unsichere Gebiete, geben zusätzliche Informationen über spezielle Gefahren zum Beispiel durch Munition, die abgereichertes Uran (Depleted Uranium – DU), chemische oder biologische Kampfstoffe enthält und zeigen Möglichkeiten für die Schaffung eines sicheren Umfeldes auf.

In verschiedenen Textboxen werden zusätzliche Informationen sowie Definitionen, besondere Fallstudien und Schlüsselwörter gegeben.

*Seit Inkrafttreten der Ottawa-Convention im Jahr 1999 hat der Gebrauch von Anti-Personen-Minen abgenommen. Allerdings ignorieren einige Staaten bis heute die Herstellung und Lagerung von AP-Minen. So sind derzeit noch 59 Staaten und 4 weitere zusammenhängende Gebiete (unter anderen Palästina und Nagorny-Karabach) großräumig mit Landminen kontaminiert.*[1] *AP-Minen und andere Kampfmittel stellen dabei eine nicht zu unterschätzende Gefahr für die Bevölkerung dar, die in diesen Gebieten lebt und arbeitet. Diese Bedrohung endet nicht mit dem Ende des Konflikts, sie überdauert auch Jahrzehnte.*

1 Gemäß Landmine and Cluster Munition Monitor, Januar 2015

# DIE BEDROHUNG

# I

1 LANDMINEN

1.1 SCHÜTZENABWEHRMINEN

1.1.1 AP-MINEN MIT DRUCKWIRKUNG

1.1.2 SPLITTERBILDENDE AP-MINEN

1.1.2.1 STOCKMINEN

1.1.2.2 SCHÜTZENABWEHRMINEN MIT GERICHTETER SPLITTERWIRKUNG

1.1.2.3 SPRINGMINEN

1.1.2.4 SCHÜTZENABWEHRMINEN MIT EINER HOHLLADUNG

2 ANTI-FAHRZEUGMINEN

3 KAMPFMITTEL

3.1 GRANATEN

3.2 MÖRSERPATRONEN

3.3 SCHÜTTBOMBENBEHÄLTER, SUBMUNITION UND BOMBLETS

3.4 RAKETEN UND LENKFLUGKÖRPER

3.5 ROHRWAFFENMUNITION

3.6 BOMBEN

3.7 ZÜNDER

4 UNBEWACHTE, WEGGEWORFENE ODER ZURÜCKGELASSENE MUNITION

5 SPRENGFALLEN SOWIE UNKONVENTIONELLE SPRENG- UND BRANDVORRICHTUNGEN (USBV–IEDS)

## DIE BEDROHUNG

*Hintergrundwissen: Das Wort „Mine“ wurde von dem lateinischen Wort „Mina“ für Erzader abgeleitet. Pioniere des Mittelalters nutzten diesen Begriff für Stollensysteme, die sie unter feindliche Befestigungen gruben, um diese mittels Schwarzpulverexplosion zum Einsturz zu bringen. Auch nutzen Pioniere Pfähle, Stolperdrähte und spitze Stangen, um Befestigungen gegen einen Angriff zu härten. Moderne Landminen nutzen beides, explosive Ladungen und Pfähle, sowie Drähte und Stangen als Sensoren für die Zündsysteme.*[1]

Menschen, die in Gebieten leben, welche von Kampfhandlungen betroffen waren oder sind, müssen jederzeit und überall mit der Bedrohung durch Minen und Kampfmittel rechnen. Diese Gefahr kann von Blindgängern oder weggeworfener bzw. zurückgelassener Munition, aber auch von verlassenen (Kampf-)Fahrzeugen und Aus-

**Zurückgelassene Munition in einer ehemaligen militärischen Einrichtung auf dem Balkan**

1 M. Croll, History of Landmines, 1998

rüstungsgegenständen ausgehen. Der englische Begriff für diese explosiven Überreste lautet „Explosive Remnants of War", ERW. Dieser Begriff beinhaltet jegliche Munitionsart, mit Ausnahme von Landminen. Die Trennung ist auch von völkerrechtlicher Bedeutung, da moderne Landminen mit einer Wiedersicherung oder anderen Maßnahmen für den Übergang in einen inaktiven und ungefährlicheren Zustand versehen werden müssen. Geschosse oder Bomben und andere Munition, die als Blindgänger am oder im Boden liegen, besitzen diese Vorrichtung in der Regel nicht.

Hinzu kommt die terroristische Bedrohung durch selbstgebaute Kampfmittel und Minen, den sogenannten IEDs, die bei einigen Terrorgruppen schon so professionell hergestellt werden, dass sie von industriell produzierter Munition kaum noch zu unterscheiden sind. Vielfach werden Kampfmittel und Minen auch von diesen Gruppen sehr genau kopiert.

Jede Art von Kampfmitteln und Minen sowie IEDs kann den sicheren Zugang zu Ortschaften und überlebenswichtigen Einrichtungen wie Brunnen, Kraftwerken und Lebensmittellagern blockieren. Auch viele Jahre nach dem Ende eines Konfliktes kann es diese Gefahr noch geben. Beim Aufenthalt und vor allem bei Arbeiten in kampfmittelbelasteten Gebieten müssen sich alle Beteiligten dieser Bedrohung ständig bewusst sein – eine Gefahr, die in vielfältiger Weise auftreten kann.

Um sich selbst zu schützen, ist es notwendig, möglichst schon im Vorfeld alle präventiven Maßnahmen zu ergreifen, die notwendig sind. In diesem Kapitel werden Ausbau, Wirkungsweise und Formen von Minen, Kampfmittel und IEDs vorgestellt, um ein frühzeitiges Erkennen der Gefahr zu erleichtern. Da es aber unmöglich ist, alle in Kriegen und bewaffneten Konflikten eingesetzten Munitionsarten aufzuführen und zu beschreiben, lautet eine der wichtigsten Regeln in diesen Gebieten, unbekannten und unüblichen Objekten mit hohem Misstrauen entgegenzutreten.

# 1 LANDMINEN

Eine Landmine ist ein Gegenstand, der einen Explosivstoff oder einen anderen gefährlichen Inhaltsstoff enthält. Die Landmine soll Fahrzeuge zerstören oder so schwer beschädigen, dass seine Verwendung eingeschränkt wird (Mission Kill – Abbruch des Auftrags), die Mine soll Personen töten oder verwunden, beziehungsweise durch ihre (vermutete) Anwesenheit den Zugang zu einem Gebiet oder einer Einrichtung verwehren.

Die Zünder der Minen können durch das Fahrzeug oder die Person ausgelöst werden (Victim Operated). Der Zünder wird hierbei durch Druck (Fahren oder Treten auf eine Druckplatte), Zug (Ziehen an oder Fahren über einen Stolperdraht) oder Abknicken (Herunterdrücken eines Hebels) ausgelöst. Einige Minen können per Fremdauslösung durch einen Beobachter mittels Funk, elektrischem Kabel oder Zugdraht (Command Operated) ausgelöst werden. In vielen Minen lassen sich unterschiedliche oder sogar mehrere Zünder einbauen, so dass auch Kombinationen möglich sind. Minen können auch gegen eine unbefugte „Wiederaufnahme“ gesichert sein. Dies kann durch einen

**Eingang zu einem Minenfeld auf dem Balkan**

zusätzlichen Zugzünder erfolgen, der beim Aufnehmen der Mine auslöst, oder auch durch einen Neigungsschalter, der diese schon bei einem leichten Kippen zur Explosion bringt. Zusätzlich kann die Mine einen Zeitzünder besitzen, der die Mine nach einer voreingestellten Liegezeit detonieren lässt. Minen werden in der Regel in der Verteidigung genutzt. Sie schützen wichtige militärische Einrichtungen oder Versorgungswege und behindern das Vordringen von feindlichen Truppen durch das Verursachen von Verlusten an Personal und Material. Minen können in einem bewaffneten Konflikt auch offensiv genutzt werden. Der Explosivstoff kann zur Zerstörung von Infrastrukturen (Kraftwerke, Wasserwerke), zur Verbreitung von Terror und zur Sperrung von Zutrittsmöglichkeiten genutzt werden. Mit Hilfe von Minen lassen sich Ortschaften, Ackerland, Wasserstellen, Straßen und überlebenswichtige Einrichtungen unbenutzbar machen. Vor allem Panzerabwehrminen werden häufig als Teil von IEDs genutzt. Der hohe Explosivstoffanteil von bis zu 6 kg und der meist schon vorhandene Druckzünder begünstigen eine Nutzung als „Victim Operated IED – VOIED“, einer Sprengfalle, die durch das Opfer selbst ausgelöst wird.

ACHTUNG!

**Fremdauslösung – Command Activated**
Die Mine wird durch einen Beobachter willentlich ausgelöst. Der Beobachter wird auch als Triggerman bezeichnet.

**Opferauslösung – Victim Operated**
Die Person oder das Fahrzeug löst die Mine durch Darauftreten, Herüberfahren, Ziehen oder andere eigene Handlungen selbst aus.

**Entschärferfalle – Anti Handling Device**
Diese Einrichtung kann an Landminen zusätzlich angebracht werden, um eine Aufnahme oder einen Entschärfungsversuch zu verhindern. Moderne Minen sind vielfach bereits standardmäßig mit einer „Wiederaufnahmesicherung“ versehen. Auch Zünder von Kampfmitteln, z. B. Bombenzünder, können eine Vorrichtung gegen Entschärfung enthalten. Komplexe IEDs mit entsprechenden Vorrichtungen sind ebenfalls bekannt.

Landminen können in Farbe und Form der Umgebung angepasst sein. Dies macht es schwierig, eine Mine zu erkennen. Sie können eingegraben, durch hohes Gras bzw. Trümmerteile, Müll oder Ausrüstungsgegenstände verborgen werden. Auch eine Anbringung auf Pfählen oder an Bäumen ist möglich. In konventionellen bewaffneten Konflikten werden Minen nach Mustern ausgebracht, um eine möglichst gute Sperrwirkung zu erzielen. Sie werden auch zum Schutz von Versorgungsrouten links und rechts der Straßen ausgelegt, sowie um strategisch wichtige Punkte. Seit 1996 müssen Kriegsparteien ihre Minenfelder und die Verlegeart in Karten dokumentieren[2]. Es hat sich allerdings gezeigt, dass diese Angaben nicht immer genau sind, und dass Kombattanten die durch reguläre Truppen ausgebrachten Minen teilweise umlegen. Daher sollte man sich bei Angaben über die Lage und die Ausdehnung eines Minenfeldes nicht auf diese Informationen verlassen[3]. Es ist davon auszugehen, dass Minen auch von bewaffneten Parteien auf einem raschen Rückzug verlegt oder von Artilleriesystemen bzw. Luftfahrzeugen ausgebracht werden können. In diesem Fall können Ausdehnung und Verlegesystem nicht eindeutig bestimmt werden.

Zurzeit gibt es mehr als 600 unterschiedliche Typen von Landminen. Hinzu kommen IED-ähnliche Minen und Modifikationen, die von militanten Gruppen hergestellt oder umgebaut werden. Man unterscheidet grob zwei unterschiedliche Munitionsarten, die Schützenabwehrminen (Anti-Personnel-Mines, AP-Mines) und die Panzerabwehrminen, auch als Anti-Fahrzeugminen (Anti-Vehicle-Mines, AV-Mines) bezeichnet.

---

2 Amended Protocoll of Prohibitions and Restrictions on the Use of Mines, Booby-Traps and Other Devicers (Ergänzendes Protokoll über Verbote oder Einschränkungen im Gebrauch von Minen, Sprengfallen und anderen Vorrichtungen), Genf, 03. November 1996

3 Minenunfall der Bundeswehr in Mazedonien im Jahr 1998

## 1.1 SCHÜTZENABWEHRMINEN

Eine Schützenabwehrmine soll bei der Annäherung bzw. der Anwesenheit von Personen oder dem Kontakt zwischen Mine und der Person detonieren. Zumeist besitzen AP-Minen einen Druck- bzw. einen Zugzünder (Stolperdraht), allerdings sind auch Minen mit Zeitzündern oder mit einer Fremdauslösung bekannt.

AP-Minen können offen oder eingegraben verlegt sein. Sie können kleiner als eine Zigarettenschachtel sein, aber auch die Größe eines Gullydeckels haben. Als Material stehen Holz, Metall, Kunststoff oder Stoffbeutel zur Verfügung. Aufgrund der unterschiedlichen Formen können sie der Umgebung angepasst sein. Oft werden sie mit anderen Gegenständen, vielfach auch mit Kinderspielzeug verwechselt. Unterschiedliche Farbtöne von Minen in einem Minenfeld erschweren zusätzlich ihre Erkennbarkeit im Gelände.

**ACHTUNG!**

Landminen und andere explosive Gegenstände schädigen und töten Menschen überall auf der Welt. Um einen Eindruck von den Auswirkungen zu haben, lohnt es sich, im Internet nach „Landmine Accidents“ verbunden mit einer Jahreszahl, z. B. 2015, zu suchen.

Bei der Explosion der AP-Mine werden die Opfer zumeist schwer verletzt oder getötet. Aufgrund der Wirkung unterscheidet man drei Sorten von Schützenabwehrminen. Sie können durch die Druckwelle, durch Splitter oder durch eine Hohlladung die Schädigung des Opfers erreichen.

### 1.1.1 AP-Minen mit Druckwirkung

Diese Anti-Personen-Minen sind in der Herstellung sehr billig und daher weit verbreitet. Zumeist lösen die Zünder der Minen beim Darauftreten aus. Die Opfer werden durch die Druckwelle in der Regel nicht getötet, aber so schwer verletzt, dass die Amputation eines oder beider Beine nötig wird.

Diese Minenart ist in der moderneren Form zumeist zylindrisch, hat einen Durchmesser von etwa 7 cm bis 16 cm und eine Höhe zwischen 5 cm und 10 cm. Ältere Minen haben die Form einer kleinen Schuhschachtel mit einer Größe von 10 cm x 18 cm bis 15 cm x 20 cm in der Grundfläche. Die meisten AP-Minen beinhalten eine relativ kleine Sprengladung, zumeist weniger als 100 g.

Während in der Vergangenheit die Gehäuse zumeist aus Holz oder Metall hergestellt wurden, überwiegt heute Kunststoff. Dies sorgt zumindest für einen Spritzwasserschutz. Vollständig wasserdichte Minen können auch gegen Anlandungen unter Wasser eingesetzt werden. Dies bedingt eine besondere Aufmerksamkeit an Wasserstellen, Fährstellen und Furten. Auch nach schweren Regenfällen oder bei Tauwetter ist es nicht unüblich, dass bereits geräumte oder bisher minenfreie Gebiete durch die leichten Minen aus Kunststoff kontaminiert werden. Es ist daher nach entsprechenden Wetterbedingungen auch in weiteren Entfernungen von bekannten Minenfeldern jederzeit mit Minen zu rechnen.

**Diese Mine vom Typ PMA-2 kann einen Fuß abreißen**

Wie bereits angesprochen, können AP-Minen auch durch Rohr- oder Raketenartillerie bzw. Luftfahrzeuge ausgebracht und verteilt werden. Bekannte Beispiele sind die „Schmetterling-Mine“ PFM-1 und die „Drachenzahn-Mine“ BLU-43B. Bei einem einzigen Angriff können die Minen in Größenordnungen von Tausenden ausgebracht werden.[4] Die Minen besitzen eine Selbstzerlegeeinrichtung, jedoch arbeitet diese sehr unzuverlässig und mit nicht genau definierter Zeitvorgabe. Noch nach Monaten oder Jahren werden in den geräumten Abwurfgebieten einzelne Minen aufgefunden. Schmetterlingsminen werden in unterschiedlichen Farben (ocker, grün, grau, weiß) hergestellt und sind aufgrund der Farbe und der Form sehr interessant für Kinder und neugierige Erwachsene.

### 1.1.2 Splitterbildende AP-Minen

Splitterbildende Schützenabwehrminen sollen Personen möglichst töten, je nach Größe auch ganze Personengruppen. Dieser Minentyp hat entweder ein massives zumeist vorfragmentiertes Metallgehäuse oder besitzt Metallringe, bzw. in Kunststoff eingelassene Metallsplitter. Auch Gehäuse aus Glas sind bekannt (Glasmine 43).

Es gibt drei unterschiedliche Typen von splitterbildenden AP-Minen: Stockminen, Richtminen und Springminen.

#### 1.1.2.1 Stockminen

Üblicherweise werden bei den splitterbildenden AP-Minen die Stockminen verwendet. Der Minenkörper besteht zumeist aus massivem Metall und wird auf einem Holz- oder Metallpfahl befestigt, der vorher in den Erdboden geschlagen wurde. Die Mine soll in einer Höhe von etwa 20 cm über dem Erdboden auf dem Pfahl befestigt

4 Der Gefechtskopf einer 122 mm Artillerierakete 9H128K3 beinhaltet 600 Schützenabwehrminen PFM-1S, das hubschraubergestützte Verlegesystem VSM-1 besitzt 180 Behälter mit je 64 Minen (gesamt 11.520 Minen).

**ACHTUNG!**

Der Stolperdraht, ein dünner, nicht reflektierender lackierter Metalldraht oder auch eine Angelschnur, kann für die Auslösung einer Schützenabwehrmine, einer Sprengfalle oder eines VOIEDs genutzt werden. Ein Stolperdraht wird in der Regel nur einige Zentimeter über dem Erdboden verlegt, so dass ein Opfer mit dem Fuß den Stolperdraht mit sich zieht. Stolperdrähte können eine Länge von bis zu 30 m haben, abhängig vom tödlichen Radius der Schützenabwehrmine. Stolperdrähte aus Kunststoff oder lackierten Metalldrähten werden sehr leicht übersehen. Sie sind universal einsetzbar. Sie können über Fußwege oder Einfahrten gespannt werden, an Gegenständen befestigt oder als Falle (bei Entschärfung) mit anderen Minen verbunden werden. Mit Hilfe von zusätzlichen Zugfedern ist es möglich, den Stolperdraht gegen Durchschneiden zu sichern.

**Eine Stockmine PMR-3 mit Stolperdraht**

werden. Die Anordnung ähnelt einem schmalen Schläger: ein Holz- oder Metallpfahl, darauf ein zylindrischer, teilweise fragmentierter Metallzylinder und auf diesem Zylinder befindet sich der schmale längliche Minenzünder. Der Metallzylinder dient als Splitterkörper und ist meist grün lackiert, bei längerer Liegezeit wird der Metallzylinder rostig und kann vor allem auf Laubboden sehr leicht übersehen werden.

Stockminen können mit einem oder mehreren Stolperdrähten versehen werden. Dabei ist eine Abdeckung um 360 Grad oder auch über einzelne Geländeteile möglich.

Bei der Stockmine werden die Splitter gleichmäßig radial verteilt. In Abhängigkeit von der Schützenabwehrmine beträgt der tödliche Radius mindestens 4 m. Auch in größerer Entfernung vom Detonationspunkt können die Verletzungen schwerwiegend bis tödlich sein. Die russische Anti-Personen-Mine POMZ-2M erzeugt Splitter mit einem tödlichen Radius von mindestens 10 m[5]. Darüber hinaus ist die Hülle dieser Mine zwar vorfragmentiert, aber Größe und Masse der Splitter sind nicht eindeutig definiert. Damit ist es möglich, dass einzelne Splitter selbst in 100 m Entfernung schwere oder tödliche Verletzungen hervorrufen können.

Im Laufe der Liegezeit kann der Befestigungsstock durch Witterungseinflüsse abfaulen, zerbrechen oder anderweitig beschädigt werden. Die Stockmine kann umfallen ohne dabei auszulösen. Dies verringert nicht die Gefährlichkeit der Mine, im Gegenteil. Stockminen und Stolperdrähte sind häufig unter Laub verborgen, damit stellen sie eine nicht sichtbare Gefahr dar.

---

5 Technische Angaben für Landminen und Kampfmittel aus verschiedenen offenen Quellen, z. B. Jane's Mines, sowie Angaben der Bundeswehreinrichtungen Technische Schule für Landsysteme und Pionierschule des Heeres

### 1.1.2.2 Schützenabwehrminen mit gerichteter Splitterwirkung

Anti-Personen-Minen mit gerichteter Splitterwirkung werden auch „Claymore-Minen“ nach der US-amerikanischen Mine M18A1 „Claymore“ genannt. Diese Minen verteilen definierte Splitter in hoher Dichte in eine vorgegebene Richtung. Somit werden die Sprengwirkung und die Splittermenge besser ausgenutzt als bei einer radial wirkenden Stockmine. Die Minen haben entweder die Form einer gebogenen rechteckigen Schachtel mit einer Dicke von etwa 3 cm bis 4 cm oder eine runde Form mit den Ausmaßen einer größeren Pizza. Die Splitter bestehen zumeist aus etwa 2 cm langen und 5 mm dicken Drahtstücken, die an der gegnerzugewandten Seite in eine Kunststoffmasse eingegossen sind. Dahinter befindet sich der Sprengstoff in einer ausgewalzten, etwa 1 cm dicken Lage. Die Schachteln können auf einem Stativ aufgestellt oder an Pfähle oder

**Eine behelfsmäßig hergestellte Schützenabwehrmine mit gerichteter Splitterwirkung**

Bäume genagelt werden. Claymore-Minen haben ein Gehäuse aus Kunststoff in den Farben oliv, schwarz, braun oder dunkelgelb.

Claymore-Minen besitzen eine elektrische Sprengkapsel als Zünder und werden in der Regel durch einen Beobachter (Triggerman) ausgelöst, der in sicherer Entfernung und außerhalb des Splitterbereiches die Mine über einen Piezogenerator auslöst (Command-Wire). Ein Piezogenerator besteht aus einem Kristall, welcher Druck in eine elektrische Spannung umwandelt. Es ist aber auch möglich, den Piezogenerator im Vorfeld der Mine zu vergraben oder ihn mit einem Stolperdraht zu koppeln (Victim Operated). Bei einer Detonation der Mine werden die definierten Splitter in einem Winkel von etwa 60 Grad und einer Höhe zwischen 0 m und 2 m auf einen vermeintlichen Gegner geschleudert. Der tödliche Bereich kann je nach Minentyp bis zu 50 m betragen, sicher ist, dass auch in dieser Entfernung vom Detonationspunkt mit schweren Verletzungen zu rechnen ist.

Eine Springmine chinesischen Ursprungs

Claymore-Minen stellen durch ihre gerichtete Wirkung auch eine große Gefahr für nicht oder nur leicht geschützte Fahrzeuge dar. Sie sind das Vorbild für einen speziellen Typ von IEDs, den IEDs mit gerichteter Splitterwirkung (Directionally Focussed Fragmentation Charges - DFFCs). Die DFFCs werden im Kapitel über IEDs vorgestellt.

### 1.1.2.3 Springminen

Springminen werden eingegraben verlegt und in der Regel über einen Stolperdraht ausgelöst. Die meisten

Springminen haben eine zylindrische Form mit einem Durchmesser von etwa 10 cm und einer Höhe von 25 cm bis 30 cm. Springminen können in den üblichen Tarnfarben – oliv, braun oder schwarz – lackiert sein, sie werden aber auch unlackiert und ggf. rostig vorgefunden. Gerade Minen mit rostiger Oberfläche sind in Gebieten mit Laubbäumen nur schwer auszumachen.

Der Aufbau der Minen gleicht einem Mörserrohr mit eingesetzter Mörserpatrone, bestehend aus einer Treibladung, einer Sprengladung in einem Geschosskörper und einem Zünder. Allerdings ist die Patrone mit dem Mörserrohr über eine Kette oder ein Kabel fest verbunden. Beim „Abschuss“ der Patrone

**ACHTUNG!**

Niemals einen Stolperdraht berühren, sich an einen annähern oder über ihn hinwegsteigen.

**Ein Hohlweg mit einem verlassenen offenen Bunker – ideal für eine Sicherung mit einem Stolperdraht**

wird die Verbindung gestrafft und ein am Boden der Patrone eingesetzter Zugzünder ausgelöst. Die Länge der Kette beträgt etwa 1 m, so dass die Sprengladung im Splitterkörper in dieser Höhe ausgelöst wird. Die meist vorfragmentierten Splitter werden wie bei der Stockmine radial um 360 Grad verteilt. Durch die optimierte Auslösung in einer Höhe von ca. 1 m ist die Wirkung und die Reichweite der Springmine weitaus besser als bei einer Stockmine. Der tödliche Radius beträgt etwa 25 m und auch in einer Entfernung von bis zu 100 m ist mit schwerwiegenden Verletzungen oder einer tödlichen Wirkung zu rechnen.

### 1.1.2.4 Schützenabwehrminen mit einer Hohlladung

Dieser Minentyp wird immer im Erdboden eingegraben und besitzt generell einen Druckzünder. Die AP-Minen haben eine zylindrische Form mit einem Durchmesser von etwa 5 cm und einer runden Plastik- oder Metallscheibe mit einem Durchmesser von ca. 8 cm, die als Widerlager die Mine im Erdboden abstützt. Das andere Ende ver-

**Schützenabwehrminen mit Hohlladung sind sehr klein und im Erdboden eingelassen kaum zu sehen**

jüngt sich in eine kegelförmige Spitze, um das Einbringen in den Erdboden zu erleichtern. Die Gesamthöhe beträgt etwa 12 cm. Auch diese Minen können in den üblichen Tarnfarben lackiert sein.

Der Minentyp ist nicht dafür ausgelegt, ein Opfer zu töten. Vielmehr wird durch die spezielle Art eine schwere Beinverletzung hervorgerufen, die eine sofortige sanitätsdienstliche Versorgung benötigt und eigene Kräfte bindet. Belastet man den Druckzünder (Victim-Operated), wird eine kleine trichterförmig ausgebildete Sprengladung ausgelöst. Die Sprengladung formt eine ebenfalls trichterförmige Metalleinlage zu einem Projektil um, das mit hoher Geschwindigkeit durch Schuhsohle, Knöchel und Unterschenkel bis in den Meniskus geschossen wird. Durch die hohe Geschossgeschwindigkeit und die dabei auftretende Schockwelle im Unterschenkel sind Gewebe und Knochen in diesem Bereich des Knies unrettbar verloren, so dass eine Amputation oberhalb des Knies erforderlich ist. Nicht zu unterschätzen ist dabei der hohe Blutverlust, der eine sofortige Versorgung des Opfers nötig macht.

# 2 ANTI-FAHRZEUGMINEN

Anti-Fahrzeugminen (Anti-Vehicle-Mines, AV-Mines), auch als Panzerabwehrminen bezeichnet, werden hergestellt, um Fahrzeuge zu zerstören oder zumindest einsatz- bzw. fahrunfähig zu machen. Wie auch bei den Schützenabwehrminen können die Anti-Fahrzeugminen auf vielfältige Weise zur Auslösung gebracht werden. Druckzünder reagieren bei Überfahrten (Victim-Operated), aber auch eine Auslösung durch einen Beobachter (Triggerman) per Kabel oder Funk durch (Command-Wire oder Radio-Operated) magnetische Sensoren oder einfache Knickzünder ist möglich. Da diese Minen größere Maße als eine Schützenabwehrmine besitzen und eine viel größere Sprengstoffmasse haben (bis etwa 6 kg), werden bei modernen Minen vielfältige, auch elektronische Zündsysteme genutzt.

Manuell oder mechanisch verlegte Panzerabwehrminen haben entweder eine runde, tortenförmige oder schachtelförmige, rechteckige Form. Durch Raketen- oder Rohrartillerie verschossene Minen sind zumeist zylinderförmig und besitzen eine Aufrichtvorrichtung aus Metallstreben. Ältere AV-Minen gibt es auch in der Form von länglichen Barren. Das Gehäuse kann vielfältig aus Holz, Kunststoff oder Metall bestehen oder auch entfallen, so dass die Mine nur aus Sprengladung und Zünder besteht. Auch die Farbgebung kann stark variieren, von hellgelb über grün und oliv bis schwarz.

**ACHTUNG!**

**Panzerabwehrminen werden oft gegen ihre Aufnahme durch Schützenabwehrminen gesichert.**

AV-Minen wirken entweder durch ihre Sprengkraft (Druck) oder durch eine Hohlladung. Die Sprengkraft richtet sich gegen Ketten oder Räder und weniger gegen die Fahrzeugwanne, daher sind diese Minen zumeist mit einem Druckzünder ausgestattet. Zur Auslösung wird eine Masse von etwa 120 kg bis 150 kg benötigt, die auf den Druckzünder einwirkt. Dies bedeutet aber nicht, dass Personen ohne Gefahr auf Panzerabwehrminen treten können. Jederzeit ist mit beschädigten oder manipulierten Panzerabwehrminen zu rechnen. Panzerminen können auch in Kombination mit Schützenabwehrminen verlegt werden, so dass unter der Panzerabwehrmine eine Schützenabwehrmine verlegt wurde. Diese Zusammenstellung wird sehr häufig in asymmetrischen Kriegen angewandt, um auch leichtere, ggf. zivile Fahrzeuge zu treffen. Verbindet man bei dieser Kombination die Panzerabwehrmine mit einem Zugzünder an der Schützenabwehrmine, so wird eine Wiederaufnahmesicherung oder Entschärferfalle hergestellt.

Hohlladungen können auch stärkere Panzerungen und damit die Wanne eines Panzers von unten durchschlagen. Hier kommen neben den Druckzündern auch Knickzünder, Zünder mit Magnetsensoren oder andere elektronische Einrichtungen zum Einsatz.

Während die bisher beschriebenen Minen aus Richtung des Erdbodens auf ein Fahrzeug wirken, wurden in den vergangenen Jahren sogenannte Panzerabwehrrichtminen entwickelt. Dabei handelt es sich um ferngezündete Panzerfäuste[6], die auf einem Stativ aufgebaut bzw. an einem Baum befestigt werden. Über eine Zieleinrichtung werden die Panzerfäuste auf einem zu sperrenden Geländeabschnitt gerichtet. Die Auslösung erfolgt durch einen modernen Nachfolger des Stolperdrahts, durch ein Glasfiber-Kabel, das quer über die Straße verlegt und mit ein wenig Sand getarnt wird. Bei Überfahren des Kabels wird der Lichtwellenleiter zerstört und über eine Auswerteelektronik der Anzünder der Treibladung ausgelöst. Das Projektil wird in Richtung des Fahrzeugs geschossen und über eine Hohlladung eine entsprechende Beschädigung oder Zerstörung herbeigeführt.

**Versteck mit alten Panzerminen auf einem verlassenen militärischen Gelände**

6 Diese Munitionsart wird zu einem späteren Zeitpunkt beschrieben.

> **ACHTUNG!**
>
> Knickzünder: Ein dünner Stiel, der an einem Zündmechanismus am oberen Teil der Mine befestigt ist. Ein Auslenken des Stiels löst den Zünder aus. Moderne Minen besitzen Kratzdrähte, die beim Gleiten über den Unterboden eines Fahrzeuges den Zünder in Schwingungen versetzen und somit über eine elektronische Schaltung auslösen.

Da Anti-Fahrzeugminen eigentlich zur Abwehr von schweren Kampffahrzeugen entwickelt wurden, ist ihre Wirkung auf leichte zivile Fahrzeuge katastrophal und bewirkt eine vollständige Zerstörung des Fahrzeugs. Die Insassen werden dabei zumeist schwer verletzt oder getötet. Daher werden AV-Minen nicht nur in der Kombination mit Schützenabwehrminen, sondern auch oft als Hauptladung für ein IED genutzt. Nach wie vor sind in vielen Ländern die Munitionsbestände nur unzureichend gesichert. Somit stehen Minen für einen asymmetrischen Kampf, teilweise mit Zünder, in ausreichender Anzahl zur Verfügung.

Besondere Vorsicht ist bei gut sichtbaren Panzerabwehrminen geboten. Panzerabwehrminen können als Lockmittel und zur Ablenkung dienen. Oft werden diese Minen durch einen Ring aus Schützenabwehrminen umgeben, die auf ein neugieriges Opfer warten. Deswegen sollte man auch bei jeglicher gut sichtbarer Munition Abstand halten.

## 3 KAMPFMITTEL

Generell muss man in einem kampfmittelbelasteten Gebiet zwischen aufgegebener, brauchbarer/unbrauchbarer Munition und Blindgängern dieser Munition unterscheiden. Bei Blindgängern handelt es sich um Munition mit Explosivstoffen oder anderen gefährlichen Inhaltsstoffen, die verschossen, geworfen, abgeworfen oder anderweitig an ein Ziel gebracht wurden, aber am oder im Ziel nicht zur Wirkung gekommen sind. Der gebräuchlichere englische Fachbegriff lautet „Unexploded Ordnance – UXO“. Diese UXOs können Artilleriegeschosse, Panzergeschosse, Mörserpatronen, Zünder, (Hand-)Granaten, Bomben (schließt Schüttbombenbehälter und Kleinbomben mit ein) oder auch Raketen und Lenkflugkörper sein.

Blindgänger entstehen auf vielfältige Weise. Zünder oder deren Sensoren können defekt, falsch eingestellt oder (willentlich) falsch konstruiert sein. Weicher Boden oder Schneewehen können einen Aufschlagschock so weit reduzieren, dass der Zünder nicht mehr auslöst. Ungeachtet der Gründe, stellen Blindgänger eine ernste Gefahr für Leib und Leben dar. Manche Länder sind mit dieser Gefahr seit mehr als 150 Jahren behaftet.

In Gebieten, die Bombardierungen oder Kampfhandlungen ausgesetzt waren, können größere Mengen an Blindgängern ganze Landstriche unbewohnbar machen. Bei einem Luftangriff mit Schüttbomben explodieren ca. 30 Prozent der Kleinbomben beim Aufschlag auf

Mehr als 100 Jahre alt, eine Patrone für die 77 mm Kanone M96 aus dem deutschen Kaiserreich

dem Erdboden **nicht** und bilden für Jahrzehnte eine ernsthafte Bedrohung für die Bevölkerung. In vielen Ländern sind UXOs häufiger verbreitet als Landminen.

Blindgänger sind in der Regel berührungsempfindlich und können auch bei leichter Berührung detonieren. Verletzte oder Tote treten oft in ländlichen Gebieten bei der Ackerbestellung auf, bzw. bei Bauarbeiten in kampfmittelbelastetem Gebiet, wenn Personen Blindgänger berühren, bewegen oder sie anderweitig, auch zur vermeintlichen Entschärfung, bearbeiten. Blindgänger können Sensoren gegen eine Aufnahme oder Annäherung besitzen. Der Zünder in dieser Munition kann federvorgespannt sein, z. B. bei Zündern mit einer Zerlegeeinrichtung[7], die aus nicht bekannten Gründen versagt hat. Da der Zustand der Zündeinrichtung nicht ohne weitere

**Luft-Boden-Raketen S-24 in einem verlassenen Munitionsdepot in Afghanistan**

7 Zünder mit Zerlegeeinrichtungen werden hauptsächlich bei Flugabwehrgeschossen eingesetzt, um bei einem Verfehlen des Zieles die Gefährdung für überschossene eigene Truppen zu minimieren.

Hilfsmittel bestimmt werden kann, ist von einer extremen Gefahr durch die Munition auszugehen. Daher darf diese Munition niemals berührt, bewegt oder anderweitig angefasst werden – ausgenommen von an der Munition ausgebildetem Kampfmittelabwehrpersonal. Es ist erwiesen, dass Unfälle mit Blindgängern häufiger zu Todesfällen führen als Unfälle mit Landminen, da bei UXOs die Masse der Sprengladung in der Regel größer ist.

Blindgänger werden hauptsächlich in ehemaligen Kampfgebieten und auf militärischen Übungsplätzen aufgefunden. Sie können nicht nur im freien Gelände, sondern genauso gut innerhalb von Gebäuden liegen. Teilweise sind sie in die Erde eingedrungen (je nach Kaliber und Masse bis zu mehreren Metern tief) oder unter Schutt und umgestürzten Mauern begraben. Vor allem Bomblets und Kleinbomben mit Textilleitwerken hängen oft in Bäumen oder an Dachrinnen und Zäunen. Es finden sich aber auch jegliche Arten von Blindgängern als Souvenirs in Wohnzimmern und Büros.

**ACHTUNG!**

Kambodscha ist eines der am stärksten von Minen betroffenen Länder der Erde. Aber zurzeit werden im Jahr mehr Menschen durch Blindgänger getötet als durch Minen. Gerade Kinder sind aufgrund ihrer Neugier und der Neigung alles zu untersuchen und anzufassen ausgesprochen häufig von Unfällen mit Blindgängern betroffen. Unfälle bei Erwachsenen haben ihre Ursache in unsicherer Handhabung der Munition, z. B. bei der Metallgewinnung.

UXOs können in militärischen oder auch Signalfarben auftreten. Bei Geschossen mit Drall wird die Farbe beim Auftreffen auf sandigen Boden regelrecht abgeschliffen, so dass diese sehr schnell rosten. Verrostete und teilweise mit Lehm oder Sand verklumpte UXOs haben eher das Aussehen eines unförmigen Steins und es gehören viel Erfahrung sowie entsprechende Detektoren dazu, diese Munition am Erdboden auszumachen.

## 3.1 GRANATEN

Im Gegensatz zu Geschossen werden Granaten geworfen. Handgranaten, Gewehrgranaten, Panzerfaustgranaten und Granatmaschinenwaffenmunition gehören zu dieser Gruppe. Die Zünder dieser Munition sind zumeist einfach aufgebaut und reagieren beim Aufschlag oder nach einem vorgegebenen Zeitablauf. Man unterscheidet defensive Granaten mit einem Splittermantel von offensiven Granaten, die nur mit einer Sprengwirkung im Ziel detonieren. Eine typische Handgranate mit einem Splittermantel hat einen tödlichen Radius von etwa 10 m, aber auch in 50 m Entfernung vom Detonationspunkt können Splitter schwere oder tödliche Verletzungen hervorrufen.

Neben Granaten mit Sprengladungen gibt es noch andere Munitionssorten. Pyrotechnische Sätze zum Vernebeln und Blitz- und Knallsätze für eine Lähmung des Gegners sind hier ebenso wie Brand- sowie Kampfstoff- und Reizstoffgranaten Teil des Repertoires. Eine weitere Sonderform sind Granaten mit Hohlladungseinlagen. Hierbei ist zu beachten, dass Panzerabwehrhandgranaten aufgrund ihrer zielgerichteten Wirkung über ein Leitwerk verfügen müssen.

Handgranaten haben zumeist die Größe einer Männerfaust und sind rund, zylindrisch oder eiförmig. Die Oberfläche ist griffig und selten glatt, damit gute Wurfeigenschaften erreicht werden. Zur Erhöhung der Wurfweite wurden Stielhandgranaten entwickelt, die einen kurzen Holzstiel besitzen. Spreng-, Splitter und Hohlladungsgranaten haben meist einen Metallmantel, allerdings werden bei Brand-, Nebel und Kampfstoff-/Reizstoffgranaten heute Kunststoffmäntel bevorzugt. Je nach Verwendungszweck können Handgranaten farblich unterschieden werden. Problematisch ist, dass es weltweit keinen einheitlichen Standard gibt, sich dieser sogar dramatisch unterscheidet. Während „blau“ innerhalb der NATO-Streitkräfte die Kennzeichnung für Übungsmunition ist, kennzeichnen einige Armeen der Balkanländer in dieser Farbe ihre Gefechtsmunition.

Handgranaten können in unterschiedlichen Formen und Farben aufgefunden werden

Gewehrgranaten haben einen zylindrischen Körper mit einer runden oder kegelförmigen Spitze, welcher den Gefechtskopf bildet. Am Heck besitzen sie ein Leitwerk zur Flugstabilisierung. Gewehrgranaten verfügen über keine Treibladung, der Antrieb erfolgt über eine Gewehrpatrone. Ältere Gewehrgranaten benötigten dazu eine spezielle Gewehrpatrone mit einer angepassten Treibladung. Diese war im hohlen Leitwerkschaft der Gewehrgranate befestigt und musste vor dem Abschuss entnommen und im Gewehr geladen werden. Moderne Gewehrgranaten mit einem Projektilfangmechanismus (Bullet Through Mechanism) werden mit normalen Gewehrpatronen beschleunigt.

Bei Gewehrgranaten werden die gleichen Munitionssorten wie bei den Handgranaten vorgefunden. Hinzu kommen aufgrund der größeren Reichweite Leuchtgranaten mit einem Zeitzünder. Aufgrund der extrem langsamen Fluggeschwindigkeit und der geringen Masse der Gewehrgranaten sind die (Boden-)Aufschlagzünder sehr empfindlich. Schon die Annäherung an eine Gewehrgranate sollte vermieden werden.

Mit einem speziellen Adapter können Handgranaten auch mit einem Gewehr auf eine größere Reichweite geworfen werden. Dies ist bei einer Bedrohungsanalyse in einem ehemaligen Kampfgebiet zu berücksichtigen.

Panzerfaustgranaten haben wie Gewehrgranaten nur eine geringe Fluggeschwindigkeit. Zur Erhöhung der Kampfentfernung werden Raketenzusatzantriebe im Leitwerkschaft eingebaut, die erst in einer Sicherheitsentfernung vor dem Schützen angezündet werden. Für den Abschuss werden zwar Rohre wie bei Geschossen genutzt, jedoch sind Panzerfaustgranaten in der Regel überkalibrig und ragen mit dem Gefechtskopf in Schussrichtung aus dem Abschussgerät heraus. Die Gefechtsköpfe können mit der gesamten Palette an Wirkstoffen ausgestattet werden. Neben den Hohlladungsgranaten zur Panzerabwehr, dem eigentlichen Entwicklungszweck dieser Munition, gibt es Spreng-, Splitter-, Leucht- und Nebelmunition. Eine Besonderheit stellen Granaten mit einem Fuel-Air-Explosives (FAE)-Gefechtskopf dar. Hier besteht das Wirkmittel aus einem leicht flüchtigen aber gut brennbaren Stoff wie Isopropylnitrat und Magnesium oder Triäthylaluminium. Beim Aufschlag gut zerstäubt verbinden sich diese Chemikalien mit dem Luftsauerstoff und rufen eine heftige Verpuffung hervor. Die Wirkung der Druckwelle ist höher als bei einer vergleichbaren Masse an Sprengstoff. Die Reaktion ist aber schwer beherrschbar und somit nur auf wenige Munitionstypen begrenzt. FAE-Munition wird sonst nur noch bei Bomben genutzt.

Die Panzerfaustgranaten sind leicht und fliegen langsam. Entsprechend empfindlich muss der Zünder sein. Einige Zünder besitzen zusätzliche Zerlegesysteme, die zwar versagen, aber trotzdem bei Annäherung oder Aufnehmen auslösen können, da sie zumeist federvorgespannt sind. Eine zusätzliche Gefahr geht von dem Raketenzusatzantrieb aus. Weggeworfene Munition und auch Blindgänger können Reste dieses Antriebs beinhalten, der bei Manipulation oder beim Aufnehmen zur Wirkung kommen kann (Reibung!).

## 3.2 MÖRSERPATRONEN

Mörserpatronen sind Projektile, die aus einfachen, zumeist innen glatten Rohren mit einer Länge von 90 cm bis 170 cm verschossen werden. In den vergangenen Jahren wurden sehr komplex aufgebaute Mörser entwickelt, so dass die Grenze zwischen einer Haubitze und einem Mörser fließend geworden ist. Moderne Mörser sind in der Lage, in der unteren und oberen Winkelgruppe zu schießen und können als Hinterlader wie normale Haubitzen geladen werden. Ein wesentlicher Unterschied ist das Verhältnis der Treibladung zum Geschoss. Mörser nutzen sehr viel weniger Treibladung als eine Haubitze oder eine Kanone. Dies hat natürlich Auswirkungen auf die Kampfentfernung und auf die Geschossmasse, die bei einem Mörser bedeutend geringer ist.

Abhängig vom Waffensystem werden Mörserpatronen vom Ladungsraum oder der Mündung geladen. Die Treibladung ist zumeist im Leitwerkschaft eingebracht oder (zusätzlich) um den Leitwerkschaft

**Mörserpatronen in einem verlassenen Kampffahrzeug. Die Treibladung fehlt, also ein Blindgänger?**

gewickelt. Im modernen Sprachgebrauch spricht man von Mörserpatronen, da an der Munition sowohl Treibladung, als auch das Geschoss und der Zünder zu einer Einheit verbunden sind. Der Zünder ist zumeist an der Geschossspitze angebracht, jedoch sind Bodenaufschlagzünder möglich. Die Kaliber reichen bei modernen Waffensystemen von etwa 45 mm bis 240 mm bei einer Länge der Patrone zwischen 30 cm und mehr als 100 cm[8]. Aufgrund ihrer geringen Herstellungs- und Gebrauchskosten, der einfachen Handhabung und der zumeist ebenfalls einfachen Transportmöglichkeit zählen Mörsersysteme zu den am weitest verbreiteten Waffensystemen.

Mörserpatronen werden fast ausschließlich aus Metallen hergestellt und können im Gelände lackiert aber auch verrostet aufgefunden werden. Bei einem Aufschlag mit Explosion der Patrone entstehen durch den sehr schnell reagierenden Zünder nur kleine Krater, die auch leicht übersehen werden können. Die sehr sensiblen Aufschlagzünder lösen in der Regel bei der Berührung eines Grashalmes aus. Einschläge auf befestigten Straßen sind aufgrund der Riefen im Asphalt, die durch die Splitter gebildet werden, sehr gut sichtbar.

Die tödliche und gefährliche Reichweite einer detonierenden Sprengladung in einer Mörserpatrone hängt stark vom Kaliber ab. Die Sprengladung eines kleinen Blindgängers kann ein ungeschütztes Fahrzeug zerstören, größere Kaliber können bei einem Einschlag in ein Gebäude dieses zum Einsturz bringen. Als Munitionssorten werden neben Leucht- und Nebelpatronen bei größeren Kalibern auch Flugblätter und vor allem Bomblets in das Ziel gebracht. Moderne Mörserpatronen können mit elektronischen Annä-

---

8 Das bisher kleinste Mörsersystem ist der italienische BRIXIA-Mörser M35 mit einem Kaliber von 45 mm. Im Gegensatz dazu ist der bisher größte Mörser der deutsche Mörser KARL mit einem Kaliber von 600 mm. Beide Kampfsysteme sind nicht mehr im Einsatz, Blindgänger können aber heute noch in Europa aufgefunden werden. Eine Patrone des Mörser KARL wurde im Jahr 2010 in Münster geborgen.

herungszündern oder mit sehr rasch reagierenden mechanischen Zündern ausgestattet sein. Spezielle Mörserpatronen zur Panzerabwehr sind ebenfalls bekannt[9].

Blindgänger können neben der Sprengladung oder anderen gefährlichen Inhaltsstoffen Reste der Treibladung im oder am Leitwerkschaft besitzen. Mörserleitwerke sollten nicht als Souvenir herausgezogen werden, da nicht zu erkennen ist, ob es sich nur um das Leitwerk oder die komplette Patrone (= Blindgänger!) handelt. Da Mörserkampfsysteme in der Regel indirekt schießen, sind sie nicht unbedingt zielgenau und streuen stark. Daher sind die Einschläge keinem Muster unterzogen, sondern in einem Gebiet weitgehend zufällig.

Blindgänger und auch zurückgelassene Mörserpatronen werden im asymmetrischen Krieg oft als Hauptladung für ein IED genutzt.

## 3.3 SCHÜTTBOMBENBEHÄLTER, SUBMUNITION UND BOMBLETS

Submunition und Bomblets werden über das Zielgebiet mittels Schüttbombenbehälter, in Gefechtsköpfen von Artillerieraketen oder in Artilleriegeschossen (Cargo Rounds) transportiert. Die Behälter werden über Zerlegeladungen oder Ausstoßsätze geöffnet und die Submunition sowie die Bomblets über eine weite Fläche ausgestreut. Unter dem Begriff Submunition lassen sich unter anderem Panzerabwehrverlegeminen, verschießbare Störsender und auch Kleinbomben mit unterschiedlichen Inhaltsstoffen zusammenfassen. Form, Größe und Masse können stark variieren. In der Farbgebung werden neben den Tarnfarben auch auffällige Rot- und Gelbtöne, wie bei den Kleinbomben BLU-97 und No. 1 Mk 1, genutzt.

---

9 Als Beispiel ist hier die 120 mm Mörserpatrone BUSSARD zu nennen, die mit einer Hohlladung ausgestattet ist und aufgrund der parabelförmigen Flugbahn von oben auf ein Ziel wirkt.

Ein Bomblet mit Splittermantel – Blindgänger, berührungsempfindlich

Bomblets sind kleine Hohlladungen, die mittels eines Textilleitwerkes (ein sogenanntes Flatterband) gerichtet nach unten fallen. Sie werden zumeist gegen Panzerverbände in Bereitstellungsräumen eingesetzt und besitzen einen zusätzlichen Splittermantel gegen abgesessene Besatzungen. Bei einem Durchmesser von ca. 40 mm haben sie eine Höhe von etwa 8 cm bis 10 cm. Bei moderneren Bomblets sollte der einfache Aufschlagzünder mit einer zusätzlichen Zerlegeeinrichtung ausgestattet sein, um bei einer Fehlfunktion des Aufschlagmechanismus das Bomblet unschädlich zu machen.

Gemäß der Dubliner Konferenz aus dem Jahr 2008[10] versteht man unter Schüttbomben (englisch: Cluster Bombs) eine konventionelle Munition, die konstruiert wurde, um über einem Zielgebiet Submunition mit einer Masse von weniger als 20 kg freizugeben oder zu zerstreuen. Allerdings ist unter dem Begriff Cluster Bombs nicht gemeint:

10 Diplomatic Conference for the Adoption of a Convention on Cluster Munitions, Dublin, 19. bis 30. März 2008

- Munition oder Submunition, welche Scheinziele[11], Rauchkörper oder andere Pyrotechnik ausbringt,
- Munition, die für die Luftverteidigung konstruiert wurde,
- Munition und auch Submunition, die für elektrische oder elektronische Effekte konstruiert wurde,
- Munition, die zur Vermeidung von hohem Risiko für die Bevölkerung durch Blindgänger mit folgenden Eigenschaften ausgestattet ist:
  - Jede Schüttbombe enthält weniger als zehn Kleinbomben mit Sprengladungen,
  - Jede Submunition wiegt mehr als 4 kg,
  - Jede Submunition ist für die Zielsuche und den Angriff auf ein Punktziel konstruiert,
  - Jede Submunition hat einen elektronischen Selbstzerlegemechanismus,
  - Jede Submunition besitzt einen elektronischen Deaktivierungsmechanismus.

Bei allen vorkommenden UXOs produziert die Submunition die prozentual häufigsten und gefährlichsten Blindgänger. Dies liegt aber nur zum Teil an ihrer weiten Verbreitung. Die Zünder der Submunition haben eine sehr hohe Fehlerrate und sind als Blindgänger über Jahrzehnte äußerst gefährlich. Aufgrund der Zünderkonstruktion und der geringen Masse der Submunition liegt die Blindgängerquote zwischen 5 und 30 Prozent. Bei weichem Untergrund kann diese Blindgängerquote auf mehr als 50 Prozent anwachsen. Die

11 Bei Scheinzielen werden unterschieden: Heiße, zumeist im Infraroten Spektrum strahlende abbrennende Körper (Flares) oder dünne aluminiumbeschichtete Kunststoffstreifen (Chaffs). Scheinziele dienen zur Ablenkung von Suchköpfen bei Luftziel- oder Seezielflugkörpern.

Blindgänger sind äußerst empfindlich und können bei der leichtesten Berührung detonieren. Eine Annäherung an eine Submunition oder auch nur an das Gebiet, in welchem diese Munition vermutet wird, ist äußerst gefährlich. Submunition, besonders Bomblets, können in den Bäumen hängen, in Zäunen oder an Dachrinnen. Sie können bei Windstößen herunterfallen und auslösen.

Indikatoren für eine Kontamination eines Geländeabschnittes mit Submunition sind Textilleitwerke, leere Schüttbombenbehälter, Gefechtsköpfe und Geschosse sowie ungewöhnlich kleine aber unzählige Einschlaglöcher im Erdboden und in Gebäuden (Dächer beobachten!). In betroffenen Waldgebieten haben die Bäume charakteristische Merkmale wie entlaubte Baumspitzen und abgebrochene Zweige in den Außenbereichen. Hinzu kommen auffällige Überreste wie Abdeckkappen, Abstandshalter und Submunitionsreste, wie auch die Überreste der getroffenen Ziele.

**Kleinbombe BLU-97B im Wald, in wenigen Jahren vom Laub überdeckt – berührungsempfindlich**

## 3.4 RAKETEN UND LENKFLUGKÖRPER

Raketen und Lenkflugkörper werden allgemein als Flugkörper bezeichnet und beinhalten neben dem Gefechtskopf ein Triebwerk. Eine Rakete ist ungelenkt und muss beim Abschuss auf das Ziel gerichtet werden. Ein Lenkflugkörper wird entweder durch den Schützen, einen Beobachter oder ein autonomes Zielerkennungs- und Lenksystem (Fire and Forget – Abfeuern und Vergessen) in das Ziel gesteuert. Der Gefechtskopf beinhaltet neben der Sprengladung oder anderen Nutzlasten einen Zünder und ggf. den Suchkopf zur autonomen Steuerung. Zusätzliche Hilfsaggregate zur Ansteuerung von Ruderanlage und Kreisel benötigen elektrische Energie oder hochgespannte Gase. Diese werden mittels Pyrotechnik erzeugt oder in zusätzlichen Druckgasflaschen mitgeführt. Daher sind auch ausgebrannte Flugkörperteile, Motoren oder Teile des Suchkopfes und der Steuerung nicht immer frei von gefährlichen Teilen und Substanzen.

Kleinere Flugkörper, zumeist zur Flugabwehr, können von der Schulter abgefeuert werden. Größere Flugkörper benötigen mindestens ein Stativ (Dreibein) oder eine Startrampe, ein Startrohr bzw. einen Startbehälter. Flugkörper werden in der Regel im Flug durch kleine Flügel stabilisiert und benötigen eine Mindestfluggeschwindigkeit für den stabilen Flug. Stationäre oder mobile Startvorrichtungen können für den Abschuss einzelner größerer Flugkörper oder als Mehrfachwerfer (bis zum Kaliber von etwa 300 mm) konstruiert werden. Als Träger der mobilen Vorrichtungen kommen jegliche Art von Fahrzeugen, Schiffen oder Flugzeugen in Betracht. Bei asymmetrischen Kriegen werden hierfür auch zivile Fahrzeuge (Pickups) umgerüstet oder behelfsmäßige Startrampen aus Steinhaufen aufgeschichtet. Da bei einem Start von einem Steinhaufen die Anfangsfluggeschwindigkeit für einen stabilen Flug nicht ausreicht, sind Angriffe von diesen behelfsmäßigen Startrampen nicht sehr zielgenau und können auch Bereiche treffen, die völkerrechtlich oder vertraglich geschützt sein sollten, z. B. Lager von Hilfsorganisationen.

Flugkörper sind in der Lage, größere Mengen an Nutzlast über weite Entfernungen zu transportieren und dabei noch einigermaßen genau das Ziel zu treffen. Lenkflugkörper können aufgrund von Lagesystemen (Ground Positioning System – GPS) ein Punktziel treffen, während Raketen als Flächenwaffe nur ein Zielgebiet treffen können, welches in Abhängigkeit von der Schussentfernung definiert wird. Als Anhalt kann ein Bereich von 300 m x 300 m gelten bei einer Entfernung von ca. 15.000 m zwischen Startrampe und Ziel. Daher werden ungelenkte Flugkörper meistens von Mehrfachraketenwerfern eingesetzt, um die Trefferdichte im Ziel zu erhöhen. Als Nutzlast können Sprengladungen, aber auch Flugblätter, chemische oder biologische Kampfstoffe transportiert werden.

Aufgrund der unterschiedlichen Kaliber (von etwa 68 mm bis 800 mm) und Gefechtsköpfe können keine Gefahrenbereiche für aufgefundene Blindgänger angegeben werden. Eine kleine Luft-/Bodenrakete, z. B. die Rakete S5, hat einen Durchmesser von 57 mm und eine Länge von etwa 80 cm, die Artillerierakete RSD-10/SS-20 hat einen Durchmesser von 1790 mm ist bereits 16,5 m lang – kann aber immer noch von einer mobilen Startrampe eingesetzt werden. Raketen und Lenkflugkörper werden aus Metall oder Glasfaserverbundstoffen hergestellt und haben fast ausschließlich einen zylindrischen Körper. Leitwerke oder Stummelflügel können vorhanden sein, es gibt aber andere Möglichkeiten zur Stabilisierung der Flugkörper, z. B. Gasstrahlruder, die in den Abgasstrahl des Raketenmotors eingreifen oder auch schräggestellte Raketendüsen, die den Raketen einen Drall für einen stabilen Flug verleihen. Die Identifizierung der Flugkörper wird über das Kaliber vorgenommen. Aufgrund von unterschiedlichen Munitionssorten ist dies aber nur für „Flugkörperfamilien“ möglich. So gibt es die 122 mm Raketen für den Mehrfachraketenwerfer BM-21 zwar nur im Kaliber von

122 mm, aber mit Flugkörpergesamtlängen zwischen 2,87 m und 3,037 m.

Blindgegangene Flugkörper sind extrem gefährlich. Eine Annäherung, ein Berühren oder Bewegen der Munition kann zu Bränden oder einer Explosion führen. Größere Flugkörper werden mit flüssigen Treibstoffen angetrieben, die teilweise hypergol, d. h. selbstentzündlich und dazu korrosiv bzw. giftig sind. Hautkontakt mit Flüssigkeiten und Einatmen der Gase müssen auf jeden Fall vermieden werden. Moderne Raketenzünder haben elektrische Sensoren, die bei Aufschlag, bei Annäherung an ein Ziel oder nach einer definierten Flugzeit auslösen. Sensoren mit Piezoelementen reagieren unter anderem auf Erschütterungen und einseitige Erwärmung (Sonneneinstrahlung). Falls der Gefechtskopf und/oder die Zündsysteme intakt sind, ist deshalb auch nach einer längeren Liegezeit des Blindgängers mit einer Auslösung und Explosion zu rechnen.

Wie schon angesprochen können sich in Fragmenten von explodierten Flugkörpern und vor allem Blindgängern weitere gefährliche

**122 mm Artillerieraketen sind begehrte Baumaterialien als Fenster oder Türsturz**

**ACHTUNG!**

Über einhundert alte Flugabwehrflugkörper aus ehemals sowjetischer Produktion wurden 2003 verlassen in Bagdad aufgefunden. Die etwa 11 m langen Flugkörper waren auf Startlafetten (Sattelauflieger) befestigt und wurden von der einheimischen Bevölkerung so weit wie möglich ausgeschlachtet. Auch Kinder spielten zwischen den ehemaligen Feuerstellungen. Ein Kind kam durch austretende ätzende Flüssigkeiten des Raketenmotors ums Leben. Zwei Flugkörper gerieten in Brand, als Einheimische sich daran zu schaffen machten. Ein Flugkörper explodierte, tötete mehrere Bewohner und zerstörte drei Häuser. Aufgrund des vollen Treibstofftanks waren die Zerstörungen des explodierten Flugkörpers etwa dreimal so groß wie bei einer alleinigen Explosion des Gefechtskopfes[12].

Bauteile befinden. Behälter mit vorgespannten Gasen für die Kühlung des Suchkopfes und die Steuerung sind in modernen Fire-and-Forget-Flugkörpern fast immer vorhanden. Dazu kommen pyrotechnische Elemente für die elektrische Energieversorgung und die Kreiselanlagen, sowie Ausstoßkolben für Submunitionen.

Aufgrund ihrer langgestreckten Form werden blindgegangene Flugkörper oder deren zerbrochene Fragmente oft mit Rohren verwechselt. Mangels anderer Baumaterialien nutzt die Bevölkerung in (ehemaligen) Kriegsgebieten Artillerieraketen sehr gerne als Sturz über Fenstern und Türen, sowie als Treppenaufgang.

## 3.5 ROHRWAFFENMUNITION

Unter Rohrwaffen werden Maschinenkanonen im Kaliber von etwa 20 mm bis 60 mm, Panzerkanonen bis zum Kaliber von 165 mm, Artillerie- und Flugabwehrgeschütze sowie Leichtgeschütze verstanden. Die Einteilung ist weitgehend willkürlich und bestimmt

12 Bericht über SA-2 Flugkörper im Irak vom Programm-Manager des Welternährungsprogramms (World Food Programme – WPF) und des Eingreif-Teams für Kampfmittelbeseitigung (Mine Action Response Team) der Vereinten Nationen, Bagdad 2003

sich in der Regel aus dem technisch Machbaren. Gängige Rohrwaffenkaliber gibt es heute bis etwa 203 mm[13]. In der Vergangenheit, besonders in den beiden Weltkriegen, wurden Rohrwaffen bis zu einem Kaliber von 800 mm genutzt[14].

Artilleriegeschütze gibt es in den Kategorien Kanonen, Haubitzen und Mörser. Der Unterschied liegt im Verhältnis von Geschoss- zu Treibladungsmasse. Bei Kanonen ist dies 1:1, bei Haubitzen 3:1 und bei Mörsern etwa 10:1. Die Mündungsgeschwindigkeiten bei Artilleriegeschützen sind bedeutend höher als bei Mörsern und liegen bei etwa 800 m/s.

Artilleriegeschosse wurden entwickelt, um Lasten über eine große Entfernung zu transportieren. Entfernungen von 130 km wurden bereits im Ersten Weltkrieg erreicht[15], zurzeit sind Schussentfernungen bis 40 km im Kaliber 155 mm möglich. Artilleriegeschosse werden von land- oder seegestützten Waffen in der oberen und unteren Winkelgruppe (das heißt direktes oder indirektes Richten) verschossen. Beim Abschuss im indirekten Richten kann die Besatzung des Geschützes das Ziel zumeist nicht sehen. Hier werden zusätzliche Beobachter mit Zieleinsicht eingesetzt. Beim Schießen in der oberen Winkelgruppe werden hohe Eindringtiefen in den Erdboden erreicht. Dabei drehen sich die Geschosse im Erdboden und je nach Auftreffgeschwindigkeit liegt das Geschoss auch mit der Spitze nach oben im Erdreich verborgen.

Von amerikanischer Seite wurden auf verschiedenen Kriegsschauplätzen luftgestützte Haubitzen eingesetzt[16]. Daher ist auch in ei-

---

13 Kaliber wurden und werden weitgehend in Zollmaßen gerechnet. Ein Kaliber von 203 mm entspricht 8 Zoll, das gängige NATO-Kaliber für Artillerierohrwaffen entspricht 155 mm, analog dazu 6 Zoll. Die deutsche Bundesmarine nutzt derzeit Rohrwaffen im Kaliber 127 mm, dies sind 5 Zoll.

14 Deutsches Eisenbahngeschütz DORA, genutzt im Zweiten Weltkrieg

15 Paris-Geschütz im Kaliber 210 mm, entwickelt von Krupp, Deutschland

16 US-amerikanisches Flugzeug AC-130 Spectre mit einer 105 mm Haubitze als Bewaffnung

gentlich unzugänglichen Gebieten mit Blindgängern von Artilleriegeschossen zu rechnen.

Panzermunition wurde in erster Linie für eine Duellsituation Panzer gegen Panzer entwickelt, es existiert aber auch Munition zum Bekämpfen von Bunkern und gegnerischer Infanterie. Hohe Mündungsgeschwindigkeiten bis 1.700 m/s führen zu langgestreckten Flugbahnen. Somit wird Panzermunition in der Regel in der unteren Winkelgruppe verschossen und dringt nur flach in den Erdboden ein.

Artillerie- und Panzergeschosse wurden für hohe Fluggeschwindigkeiten aerodynamisch konstruiert und besitzen meist eine kegelförmig zulaufende Geschossspitze, einen spitzbogigen Teil, der in einen zylindrischen Geschosskörper übergeht, und einen flachen Boden. Moderne Panzermunition wird im Flug über ein Leitwerk „flügelstabilisiert". Hohlladungsgeschosse besitzen einen etwa 10 cm weit hervorstehenden Sensor als auslösendes Element an der Geschossspitze[17] und sollten nicht drallstabilisiert verschossen werden[18].

Blindgänger der Rohrwaffenmunition können auf dem Gefechtsfeld an jedem Ort und in jeder Lage vorgefunden werden. Je nach bekämpftem Ziel können dies Schützengräben, Häuser, Wasserstellen oder andere Objekte sein. Die meisten Geschosse enthalten Sprengstoffe, die mehr oder weniger empfindlich sind. Die Sprengstoffmasse liegt zwischen ca. 120 g bei Geschossen im Kaliber 20 mm und bis zu 16 kg im Kaliber 203 mm. Als Mindestgefahrenbereich sollte bei kleineren Geschossen mehr als 100 m und bei

---

17 Hohlladungsgeschosse wirken durch die Umformung eines trichterförmigen Metallteils (Einlage) mittels Sprengstoff. Da diese Umformung einen (sehr kurzen) Zeitraum dauert, muss der Zünder sehr früh (optimal wären 5 bis 7 Kaliberlängen) vor dem Ziel ausgelöst werden. Das bedingt eine etwas eigenwillige Form dieser Geschosse.

18 Hier gibt es nur ein einziges drallstabilisiertes Geschoss, bei dem das Innenteil durch den Luftwiderstand gebremst wird und nur die äußere Hülle drallt (Gessner-Geschoss, Frankreich).

großen Artilleriegeschossen mindestens 1.000 m eingehalten werden, da die Splitterreichweiten von vielen Faktoren abhängen können. Geschosse können wie auch Granaten einen vorfragmentierten Geschosskörper besitzen bzw. Metalle, die sich in besonders kleine oder große Splitter zerlegen lassen.

Probleme treten bei sehr lange liegenden Blindgängern auf. Hier bilden sich sehr empfindliche kristalline Verbindungen zwischen der Geschosswandung und dem Sprengstoff (Metallpikrate). Diese können bei einer Bewegung des Geschosses abbrechen und eine Explosion auslösen. Als Nebelmittel werden gefährliche Chemikalien wie weißer Phosphor (selbstentzündlich) oder Hexachloräthan sowie Titantetrachlorid (Verbrennungsgase sind giftig und führen zu Flüssigkeitsansammlung in der Lunge) genutzt. Chemische und biologische Kampfstoffe können sich ebenfalls als Nutzlast im Geschoss befinden. Panzergeschosse bestehen manchmal aus abgereichertem Uran (DU). Deswegen sind hier die im Anhang 4 beschriebenen Sicherheitshinweise strikt zu beachten.

**155 mm Artilleriegeschoss mit Schleifspuren, die bereits Rost angesetzt haben**

Je nach Konstruktion, Zweck und Platzbedarf einer Kanone werden Geschosse und Treibladung getrennt oder als Patrone geladen. Messinghülsen einer Patrone werden sehr gerne als Souvenir angeboten. Neben giftigen Anhaftungen durch die Treibladung (Bleidraht oder Reste von Nitroverbindungen) befindet sich am Boden der Messinghülse der Treibladungsanzünder, der ggf. nicht ausgelöst wurde. Bei einer Initiierung durch einen Stoß können schwere Verbrennungen und Splitterverletzungen durch Hitze und die zerplatzende Hülse entstehen.

Auch für Rohrwaffenmunition gilt, dass die Lackierung durch Drall oder hohe Aufschlaggeschwindigkeit beim Kontakt mit dem Erdboden abgerieben wird. Rostige Geschosse sind somit die Regel. Ansonsten wird Rohrwaffenmunition in Tarnfarben und je nach Verwendungszweck lackiert. Oliv, grün, schwarz, grau oder weiß sind als Grundlackierung üblich.

Blindgänger und aufgegebene verlassene Rohrwaffenmunition eignen sich sehr gut als Hauptladung für IEDs!

## 3.6 BOMBEN

Eine Bombe ist ein Kampfmittel, das in der Regel von Luftfahrzeugen abgeworfen wird. Jedoch sind auch Umbauten, z. B. zu Artillerieraketen bekannt[19]. Form und Größen von Bomben sind stark unterschiedlich, sie gleichen aber aufgrund der Aerodynamik flügelstabilisierten Sprenggeschossen. Mit einer Gesamtmasse von 25 kg bis zu 5.000 kg können sie eine Länge von 3,5 m erreichen. Bomben haben die typische Luftfahrzeugtarnung mit grauer, grüner oder brauner Farbgebung. Die meisten Bomben sind Sprengbomben mit Sprengstofffüllung, aber auch Leucht-, Blitzlicht- und Nebelbomben sowie Kampfstoffbomben sind bekannt.

---

19 Jugoslawische Artillerieraketen KREMA I, KREMA II und KREMA IV mit zu Gefechtsköpfen umgebauten Bomben und einer Gefechtskopfmasse von 25 kg bis 250 kg

Zurückgelassene Bomben in Afghanistan

Wie alle Blindgänger sind auch Bomben nach dem Abwurf und einer Fehlfunktion des Zünders der Witterung ausgesetzt. Sie rosten und es bilden sich an den Bombenwänden Pikrate, die die Bomben empfindlich gegen Bewegung machen.

Typische Anzeichen eines Luftangriffes mit Bomben sind große Krater. UXOs können noch in großer Tiefe aufgefunden werden. Spezi-

**ACHTUNG!**

Etwa 100.000 Bombenblindgänger wurden in Deutschland seit Ende des Zweiten Weltkrieges entdeckt und unschädlich gemacht. Häufig hatten die Bomben eine Gesamtmasse von mehr als 250 kg. Spezialbomben mit einer Gesamtmasse von bis zu 10 t wurden eingesetzt, um Brücken und Mauern von Talsperren zu zerstören. Tausende von Bomben liegen noch immer so tief unter der Erdoberfläche, dass sie bisher nicht lokalisiert werden konnten. Neue Technologien, Luftaufnahmen und Kartenmaterial aus dem Zweiten Weltkrieg führen jedes Jahr zu neuen Bombenfunden. Etwa 5.500 Bomben und andere Kampfmittel werden so pro Jahr aufgefunden und unschädlich gemacht.

Eine britische Bombe aus dem Zweiten Weltkrieg
mit einer Masse von 11.900 lbs (5,4 t)

albomben mit besonders gehärteten Bodenaufschlagzündern können bis zu einer Tiefe von 35 m in den Erdboden vordringen ohne dabei zu explodieren. Moderne bunkerbrechende Bomben (Bunker Busters) besitzen elektronische Zünder, die in der Lage sind beim Eindringen Stockwerke mitzuzählen und erst im vorher einprogrammierten Stockwerk explodieren.

Die Explosionsmassen sind von der Gesamtmasse der Bombe abhängig. Wie bei Geschossen ist auch hier eine einfache Angabe eines Gefahrenbereichs nicht möglich.

## 3.7 ZÜNDER

Ein Zünder ist der Teil einer Munition, der für eine Auslösung oder Explosion der Munition verantwortlich ist. Zünder sollen eine Munition zur gewünschten Zeit am gewünschten Ort und in gewünschter Weise zur Wirkung bringen – und sonst eben nicht. Bei Herstellung, Transport, Lagerung und auch beim Laden und Abschuss sowie während der Flugphase darf ein Zünder nicht ungewollt auslösen. Daher sind umfangreiche Sicherungssysteme in einem Zünder eingebaut.

Die Hauptarten eines Zünders sind:

- Aufschlagzünder, je nach Einbauort als Kopf- oder Bodenaufschlagzünder,
- Zeitzünder,
- Annäherungszünder.

Auch Kombinationen dieser drei Hauptarten sind möglich. Zünder können zusätzlich eine Zerlegeeinrichtung besitzen, die den Zünder nach einer vorgegebenen Flugstrecke der Munition auslösen lassen.

Zünder werden für jeden Einsatzzweck der Munition und für jede Art von Nutzlast hergestellt. Dabei gibt es keinen Universalzünder. Zumeist werden Kopfaufschlagzünder genutzt, die der Spitze einer Mörserpatrone, eines Artilleriegeschosses oder einer Bombe die Form geben. Sollen Geschosse oder Bomben in ein Ziel eindringen und erst dort zur Wirkung kommen, werden besonders gehärtete Bodenaufschlagzünder in die Munition eingebaut. Bei Landminen sieht man das Oberteil des Zünders als runde Kappe, die aus der Mine herausragt. Bei einigen Zündern sind Stößel oder tellerförmige Platten erkennbar, die aus der Zünderspitze herausragen. Je nach Kaliber kann ein Zünder die Größe eines Fingerhutes oder einer Faust haben, aber auch kleinere Zünder besitzen einige Gramm Sprengstoff, der als sogenannter Initialsprengstoff äußerst empfindlich gegen Berührung und vor allem Reibung ist. Ein in der Hand explodierender Zünder kann tödlich sein, wird aber zumindest zur Amputation von Fingern oder der Hand führen.

Zünder werden je nach Munition durch den Abschussschock, Rotation (Drall) während der Flugphase, Freigabe von Sicherungselementen (Handgranatenbügel) oder anderen Mechanismen entsichert. Diese können, z. B. durch Fertigungsfehler oder witterungsbedingte Umstände (Kälte), versagen. Ohne Hilfsmittel (Röntgengeräte oder radioaktive Strahler) und vor allem sehr viel Erfahrung ist es zumeist unmöglich, den genauen Zustand eines Zünders zu bestimmen. Da viele mechanisch wirkende Zünder mit Federelementen ausgestattet sind, die während des Abschusses oder der Flugphase vorgespannt werden, kann es vorkommen, dass ein verkantetes Schlagstück beim Bewegen oder Aufnehmen des Zünders sowie bei der Annäherung an den Zünder (Bodenerschütterung) frei wird und so eine Auslösung des Zünders eingeleitet wird. Daher sollte jegliche Munition weder berührt noch bewegt werden. Möglichst ist der Fundort der Munition zu meiden.

Ein Zünder kann bei einem Aufschlag der Munition im Ziel abbrechen und weggeschleudert werden. Er kann aber auch, weil weggeworfen, einfach irgendwo herumliegen. Dies macht ihn nicht weniger gefährlich. Bei unterschiedlichen Formen und Farben ist es möglich, den auf dem Erdboden liegenden Zünder zu übersehen. In der Regel sind Zünder nicht lackiert und somit metallfarben. Die Zündergehäuse moderner Zünder bestehen zumeist aus Aluminium

**Weggeworfene Zünder wirken wie Handgranaten**

und verrotten im Laufe der Jahre, so dass die Auslöseelemente frei liegen können. Zündergehäuse aus Kunststoff sind, mit Ausnahme von Bakelit, unüblich.

# 4 UNBEWACHTE, WEGGEWORFENE ODER ZURÜCKGELASSENE MUNITION

Nach einem bewaffneten Konflikt ist mit großen Mengen an Waffen und Munition zu rechnen, die entweder in (mehr oder weniger) bewachten Depots gelagert oder auch weggeworfen bzw. zurückgelassen worden sind. Diese zurückgelassene Munition (Abandoned Ordnance) wurde nicht genutzt, ist aber auch nicht mehr unter der Kontrolle von regulären Truppen. Dabei kann es sich um jegliche Art von Munition handeln: Handwaffenmunition, Mörserpatronen, Granaten, Bomben, Flugkörper oder anderes.

Verstecke dieser zurückgelassenen Munition oder auch schlecht bewachte bzw. schlecht eingerichtete Munitionsdepots befinden sich manchmal in der Nähe von Ortschaften, militärischen Einrichtungen, wichtigen Versorgungsanlagen (Umspannwerke, Brunnen, Krankenhäuser), Schulen und so weiter. Eine Explosion innerhalb eines Munitionsversteckes oder -depots kann katastrophale Auswirkungen für die Umgebung haben. Bei unzureichend bewachter und gelagerter Munition besteht das erhöhte Risiko einer unerwarteten Auslösung und Explosion. Fehlender Blitzschutz, Sonneneinstrahlung, hohe Luftfeuchtigkeit oder auch Vandalismus und Schrottsammler sowie fehlende Einhaltung von Sicherheitsbestimmungen (offenes Feuer) beim Umgang mit der Munition erhöhen die Gefahr einer unkontrollierten und ungewollten Explosion der Munition[20].

20 In Prüm detonierten 1949 in einem Munitionsdepot am ehemaligen Westwall 530 t Sprengstoff. Unfallursache waren unzureichende Bewachung und ein außer Kontrolle geratenes Holzfeuer, welches die Wache zur Durchsetzung von höheren Löhnen gelegt hatte.

Kleinere Verstecke von Munition können noch Jahre nach Beendigung des Konfliktes aufgefunden werden, z. B. im Kosovo ca. 300 Panzerminen noch zehn Jahre nach Beendigung des Konfliktes und in Afghanistan pro Monat mehrere Tonnen von Munition, noch aus der Zeit der sowjetischen Besetzung.

Es ist dringend notwendig, verantwortungsvolles Personal für die Bewachung dieser Depots zu gewinnen, was ggf. in der gebotenen Eile problematisch erscheint. Die Beseitigung oder auch Bewachung von großen Depots mit zurückgelassener Munition ist ein komplexes Thema und gehört in die Hände von Sicherheitskräften. Eine endgültige Beseitigung ist vielfach eine Aufgabe mehrerer Monate bis Jahre und kann den Aufbau eines Landes nach einem Konflikt nachhaltig verzögern.

In zurückgelassenen (Kampf-)Fahrzeugen, Waffen und auch Gebäuden in der ehemaligen Kampfzone ist jederzeit zurückgelassene

Ein teilweise geladener Raketenwerfer – bleiben Sie fern!

Munition vorzufinden. Zusätzlich zu der Gefahr, die von dieser Munition ausgeht, ist mit Sprengfallen zu rechnen, die zur Sicherung der Waffen und Munition an Einlässen oder auch an der Munition oder Waffe direkt angebracht sind.

# 5 SPRENGFALLEN SOWIE UNKONVENTIONELLE SPRENG- UND BRANDVORRICHTUNGEN (USBV – IEDS)

Eine Unkonventionelle Spreng- und Brandvorrichtung oder Improvised Explosive Device (IED) ist definiert als eine nicht konventionell hergestellte Vorrichtung, die gewöhnlich aus schnell und ausreichend verfügbarem Material besteht. Die Vorrichtung kann Sprengstoffe, aber auch chemische oder andere gefährliche Stoffe beinhalten und hat zerstörerische, tödliche oder Terror verbreitende Wirkung. Hohe Qualität, Serienproduktion und rascher Technologietransfer zwischen Terroristengruppen – auch über ideologische Grenzen hinaus – machen ein IED zu einer ernsten Bedrohung. Häufig werden Blindgänger oder zurückgelassene Munition benutzt und modifiziert, um IEDs zu bauen.

Ein IED besteht aus fünf Hauptteilen:

- Detonator/Sprengkapsel
- Energiequelle
- Hauptladung
- Verpackung
- Sensor

Mechanische oder elektrische Sprengkapseln sind in den meisten Staaten sehr einfach zu bekommen, da sie unter anderem auch in Steinbrüchen oder auf Baustellen benötigt werden. In Staaten mit schärferer Kontrolle über diese Munition kann man sich mit Umbauten aus frei verkäuflichen Feuerwerkskörpern behelfen.

Als Energiequelle dienen je nach Typ von Sprengkapseln Batterien, aber auch Federwerke oder das Opfer selbst, wenn es auf einen reibungsempfindlichen Initialsprengstoff tritt.

Die Hauptladung kann, wie bereits im Kapitel über Mörserpatronen oder auch Geschosse erwähnt, aus militärischer Munition, aber auch aus Sprengstoffen aus militärischen bzw. zivilen Beständen (Steinbruch) bestehen. Zusätzlich gibt es nach wie vor im Internet Anleitungen zur Herstellung von Sprengstoffen, die je nach Quelle mehr oder weniger seriös sind. Die Nutzung von Selbstbaulaboraten (Home Made Explosives - HME) birgt weitere Gefahren, da diese improvisierten Sprengstoffe fast immer reibempfindlicher und weniger stabil sind als konventionelle militärische oder zivile Sprengstoffe. Selbstentzündungen oder unvermutete Explosionen sind oft die Folge.

**Material für den Bau von IEDs**

Die Verpackung ist das Transport- und Aufbewahrungsmittel und die Tarnung für das IED. Sie kann z. B. eine Schachtel oder ein größerer Brief sein, der innen mit Nägeln beklebt ist. Bei einer Autobombe ist das Auto die Verpackung oder bei einem IED in einer Straße bildet die Straße die Verpackung. Auch ein Selbstmordattentäter ist eine Art „Verpackung".

Der Sensor bestimmt die Auslöseart. Hier unterscheidet man zwischen der Fernauslösung (Command Wire – CW oder Radio Controlled - RC), die über ein elektrisches Kabel oder per Handy ausgelöst wird, oder die Auslösung durch das Opfer (Victim Operated) beim Treten auf eine Druckplatte bzw. die Verbindung zweier elektrischer Kontakte beim Öffnen eines Briefes. Eine Zeitauslösung (Time Operated – TO) ist ebenfalls möglich, wenn es die Situation erlaubt.[21]

IEDs können in sehr unterschiedlichen Verpackungen und vor allem Größen auftreten. Von einer Briefbombe bis hin zum großen behelfsmäßig gepanzerten LKW, geladen mit mehreren Tonnen Explosivstoff, ist alles möglich. Auch sind die benutzten Sprengstoffe in Sprengkraft und Zuverlässigkeit sehr unterschiedlich. Hinzu kommen Wirkladungsverstärker, wie in Sprengstoff oder der Verpackung eingelassene splitterbildende Komponenten, z. B. Nägel, Schrauben oder andere Metallteile, sowie Gasflaschen mit leicht entzündlichen Gasen. Diese Faktoren sowie die Umgebung beeinflussen den tödlichen Radius des IEDs sehr stark. In der Tabelle im Anhang 5 kann deswegen nur eine grobe Abschätzung empfohlen werden, in welchem Radius bei einem Verdacht auf ein IED zu evakuieren ist.

Moderne IEDs können wie Claymore-Schützenabwehrminen aufgebaut sein und eine gerichtete Splitterwirkung besitzen. Diese

---

21 In Afghanistan werden Treibstoff-Tankwagen häufig mit IEDs aufgefunden, die über einen Zeitzünder ausgelöst werden sollen. Dabei muss natürlich die genaue Fahrzeit bis zum Bestimmungsort (= Anschlagsort?) bekannt sein.

> **ACHTUNG!**
>
> Der Gebrauch von Sprengfallen ist im internationalen Völkerrecht geregelt. Die Übereinkunft über bestimmte konventionelle Waffen (Convention on Certain Conventional Weapons – CCW) beschreibt Situationen, in denen die Nutzung von Sprengfallen untersagt ist und beschreibt Vorgaben für die Erfassung und Beseitigung von Sprengfallen nach Beendigung der Kampfhandlungen.

IEDs lassen sich beim Einsatz gegen Personen oder leichte Fahrzeuge aus erhöhten Positionen (Bäume, Mauern oder Hanglagen) sehr gezielt einsetzen. Somit ist die Erkennung dieser IEDs schwierig, vor allem wenn sie der Umgebung entsprechend getarnt werden. Sie werden meist als CW- oder RC-IEDs mit Hilfe eines Beobachters ausgelöst. In diesem Fall sind Hilfsmarkierungen an der Auslösestelle unerlässlich, da die Splitter zwar sehr wirkungsvoll sind, aber der Splitterbereich stark eingeschränkt ist. Markierungen können Steinhaufen, Tücher oder auch Pfähle sein, die aus weiterer Entfernung sichtbar sind.

Ersetzt man die Splitter durch eine leicht schüsselförmig ausgearbeitete Metallplatte, erreicht man bei der Sprengstoffexplosion eine Umformung der Metallplatte zu einem kleinen, aber sehr schnellen und kompakten Projektil, welches auch in der Lage ist, Panzerungen zu durchschlagen. Diese durch eine Explosion geformten Geschosse (Explosively Formed Projectiles – EFP) können ein gepanzertes Fahrzeug auf eine Entfernung von bis zu 15 m treffen und schwer schädigen.

Eine Sprengfalle ist einem IED sehr ähnlich. Sie wird in der Regel durch das Opfer ausgelöst, z. B. beim Öffnen einer Tür oder beim Bewegen bzw. Aufnehmen eines Gegenstandes. Sprengfallen werden von militärischen Kombattanten genutzt und bestehen fast ausschließlich aus militärischen Komponenten, für deren Benutzung völkerrechtliche Übereinkünfte bestehen.

IEDs und Sprengfallen werden sehr häufig von Freischärlern genutzt, die einen relativ begrenzten Zugang zu konventionellen Waffen und Munition haben. Vielfach geht es um die Verbreitung von Terror gegenüber der Bevölkerung durch Einbringen von Sprengfallen in oder an Straßen, Fahrzeugen oder Einrichtungen. Durch den Mangel an geeigneten Rohstoffen, Werkzeugen und Fachkenntnissen kann man IEDs und Sprengfallen nicht mit den sicherheitstechnischen Maßstäben von konventionell hergestellter Munition messen. Beim Erkennen oder der Vermutung eines IEDs oder einer Sprengfalle besteht keine Notwendigkeit, sich diesem Gegenstand zu nähern, ihn zu berühren oder zu bewegen.

Im Grunde kann jeder Gegenstand zu einem IED umgebaut oder in eine Sprengfalle verwandelt werden. IEDs und Sprengfallen können wie harmlose Gegenstände aussehen und können überall aufgefunden werden. Beide Vorrichtungen werden normalerweise in unauffälliger Verpackung, an einem möglichst schwer entdeckbaren Ort

**Behelfsmäßig hergestellte Brandhandgranate**

abgelegt. Unter besonderen Umständen (hoher Besucherandrang, lasche Kontrollen) können sie so nicht zuverlässig gefunden werden. Auch Leichen können mit Sprengfallen versehen werden, um deren Abtransport und die Aufräumarbeiten zu verhindern. Sprengfallen und IEDs werden vielfach genutzt, um Helfer, Unerfahrene und Neugierige zu treffen.

# ERKENNEN VON MÖGLICHEN GEFAHREN DURCH LANDMINEN, KAMPFMITTEL UND IEDS IN EINEM EINSATZLAND

# II

1 PROBLEM: DIE GENAUE UNTERSCHEIDUNG

1.1 WARNSCHILDER

1.1.1 OFFIZIELLE WARNTAFELN

1.1.2 NICHT OFFIZIELLE (BEHELFSMÄSSIG HERGESTELLTE) WARNTAFELN

2 HINWEISE AUF EINE GEFAHR

2.1 SICHTBARE MINEN, KAMPFMITTEL UND IEDS

2.1.1 KANTEN UND UMRISSE VON EINGE-GRABENEN MINEN, HERAUSRAGENDE METALL- ODER HOLZSTÖCKE

2.1.2 UNBEWACHTE, WEGGEWORFENE ODER ZURÜCKGELASSENE MUNITION (ERW)

2.2 DRÄHTE UND ABSPERRUNGEN

2.3 KIPPHEBEL UND ZÜNDER

2.4 WEGGEWORFENE VERPACKUNG, BEHÄLTER UND MILITÄRISCHE AUSRÜSTUNG

3 ANZEICHEN FÜR KAMPFHANDLUNGEN ODER MILITÄRISCHE AKTIVITÄTEN

3.1 GRÄBEN, WÄLLE, BUNKER UND STELLUNGEN

3.2 BESCHÄDIGTE, VERLASSENE ODER ZERSTÖRTE ZIVILE UND MILITÄRISCHE (KAMPF-)FAHRZEUGE

3.3 BESCHÄDIGTE ODER ZURÜCKGELASSENE WAFFEN

3.4 MILITÄRISCHE KONTROLLPUNKTE UND GRENZGEBIETE

3.5 BEREICHE IN DER NÄHE VON MILITÄRISCHEN GEBÄUDEN UND EINRICHTUNGEN

3.6 BRÜCKEN, DÄMME UND DEREN NÄHERE UMGEBUNG

3.7 STRAßEN UND WEGE

3.8 ÖFFENTLICHE VERKEHRSEINRICHTUNGEN

3.9 ELEKTRISCHE VERSORGUNG UND WASSERBAULICHE ANLAGEN

3.10 SCHATTIGE BEREICHE, OBSTBÄUME, WASSERQUELLEN, BRUNNEN UND SANDBÄNKE, SOWIE HÖHLENEINGÄNGE

3.11 BAUHÖFE UND BAUSTELLEN

4 HINWEISE AUF GEFÄHRDUNGEN: KADAVER VON TIEREN UND (ORTS-) UNÜBLICHE GEGENSTÄNDE

4.1 VERÄNDERUNGEN DER VEGETATION ODER IN DER BODENBESCHAFFENHEIT

4.2 VERLASSENE DÖRFER UND ÜBERWUCHERTE BEREICHE

4.3 VERLASSENE ODER ZERSTÖRTE GEBÄUDE

4.4 ZWEIGE ODER BAUMSTÄMME, DIE ÜBER WEGE UND STRAßEN GELEGT WURDEN

4.5 EXPLOSIONSKRATER

4.6 UNGENUTZTE ODER ÜBERWUCHERTE WEGE, STRAßEN UND FELDER

4.7 KADAVER UND SKELETTE

4.8 UNGEWÖHNLICH ODER DEPLATZIERT ERSCHEINENDE OBJEKTE

5 VERHALTEN DER LOKALEN BEVÖLKERUNG

5.1 UNTYPISCHES VERHALTEN

5.2 VERBOTENE ZONEN

5.3 SCHROTTSAMMLER UND FISCHER

# ERKENNEN VON MÖGLICHEN GEFAHREN DURCH LANDMINEN, KAMPFMITTEL UND IEDS IN EINEM EINSATZLAND

## 1 PROBLEM: DIE GENAUE UNTERSCHEIDUNG

Falls es keine eindeutigen Markierungen oder Warntafeln gibt, sind kampfmittelbelastete Gebiete schwer von kampfmittelfreien Gebieten zu unterscheiden. Minen werden oft mit Erdreich bedeckt, bei Kampfhandlungen verschüttet oder durch Regen bzw. Schneeschmelze mit Sand oder Erde überspült. Mit Kampfmitteln belastete Gebiete sind in der Regel leichter zu erkennen. Hier liegen zumeist Munitionsbehälter und Blindgänger oder es sind zerstörte Fahrzeuge, Stellungen und Feldbefestigungen vorhanden. Sprengfallen und IEDs sind zumeist getarnt und schwer zu entdecken. Oftmals hilft auch das Verhalten der Bevölkerung, ein potenziell gefährliches Gebiet auszumachen. Dieses Kapitel hat zum Ziel, mögliche Warnhinweise, Schilder und Indizien genauer vorzustellen. Hohe Aufmerksamkeit hilft bei der Identifizierung von potenziell gefährlichen Gebieten und bei einem sicheren Aufenthalt außerhalb von Minen- und Kampfmittelfeldern.

### 1.1 WARNSCHILDER

In der Regel werden Minenfelder nicht durch eindeutige Warnschilder gekennzeichnet. Manchmal bringt jedoch die Bevölkerung improvisierte Warnschilder oder Warnhinweise an. Einzig Minenräumfirmen können während oder nach einer Erkundung entsprechende, offizielle Beschilderungen aufstellen.

Wer längere Zeit in entsprechend belasteten Gebieten lebt, ist mit dieser Beschilderung vertraut und achtet auf Schilder, Änderungen in der Beschilderung und ggf. notdürftig angebrachte Markierungen. Das Fehlen von eindeutigen Warnhinweisen bedeutet hingegen nicht, dass es sich um Gebiete handelt, die frei sind von Minen, Blindgängern, weggeworfener Munition, Sprengfallen oder IEDs. Warntafeln können unbewusst oder mutwillig entfernt werden, fallen witterungsbedingt um oder sind einfach unleserlich.

### 1.1.1 Offizielle Warntafeln

Regierungsbehörden, staatliche und nichtstaatliche Organisationen, Kräfte der Vereinten Nationen oder beauftragte Kampfmittel- und Minenräumfirmen nutzen offizielle Warntafeln, um vor den explosiven Gefahren in einem Gebiet zu warnen. Diese offiziellen Warntafeln haben eine rechteckige oder dreieckige Form, eine hellrote Grundfarbe und sind aus gerade verfügbarem Material gefertigt. Das kann Kunststoff, Holz, Metall oder laminiertes Papier sein.

Offizielle Minenschilder, dreieckig oder quadratisch mit dem Wort „Mine“

Die offiziellen Warntafeln unterscheiden sich von Land zu Land, können aber zumeist wie folgt beschrieben werden:

- Weißer Totenkopf auf rotem Grund (oder umgekehrt), ggf. auch gelber Totenkopf auf schwarzem Grund mit den Worten „DANGER MINES[2]" in Englisch und in der Landessprache.

**ACHTUNG!**

**Reguläre bewaffnete Kräfte müssen gemäß dem II. Protokoll zu der CCW[1] ihre Minenfelder, verminten Gebiete, verlegten Einzelminen und Sprengfallen aufzeichnen. Im V. Protokoll zu der CCW wird beschrieben, wie diese Aufzeichnung aussieht und wie Minenfelder bis zu einer endgültigen Räumung zu markieren sind.**

- Weiße Beschriftung „MINE" oder „EXPLOSIVES[3]" auf rotem Grund oder umgekehrt.
- Dickes Tau oder Band, normalerweise in gelb, rot oder blau.
- Rotes Dreieck mit einem schwarzen dicken Punkt in der Mitte oder dem Wort „MINE".
- Holz- oder Betonpfosten und auch größere Steine, auf einer Seite rot und auf der anderen Seite weiß gestrichen. Die rote Seite ist auf der Seite des Minen- bzw. Kampfmittelfeldes, sieht man diese Seite, ist man auf der gefährlichen Seite.

Reguläre Sicherheitskräfte nutzen zumeist Bandstacheldraht oder hohe Zäune, um sicherheitsempfindliche Einrichtungen (Umspannwerke, Funkanlagen) oder Gebiete von besonderem militärischen Interesse (Flugplätze, Depots) abzugrenzen und zu schützen. Zusätzlich können die Absperranlagen durch Minen verstärkt werden.

1 Übereinkunft über bestimmte konventionelle Waffen (Convention on Certain Conventional Weapons – CCW)

2 GEFAHR MINEN

3 SPRENGSTOFFE

Räumfirmen nutzen in der Regel Stacheldraht oder Zäune, um die Bevölkerung vor den Gefahren eines Betretens von kontaminiertem Gelände zu warnen. Problematisch ist, dass dieses begehrte „Rohmaterial" oft von der Bevölkerung entwendet wird, um eigene Bereiche abzusichern.

In Abwesenheit von brauchbarem Material können die offiziellen Warntafeln mehr oder weniger improvisiert ausfallen. Auffällig verlegte rot/weiße oder blaue Steine sind hier als ernste Warnung zu verstehen.

Die örtliche Witterung macht Warntafeln oder auch andere Warnhinweise oftmals unleserlich. Pfähle fallen um, Schilder und deren Befestigungen verrosten, die Vegetation kann Warntafeln überwuchern und Schnee die Schilder zudecken. Schlechtes Material und unzureichende Befestigungen sowie das Anbringen der Schilder an schlecht einsehbaren Stellen führen ebenfalls dazu, dass Warntafeln nur mit Mühe zu identifizieren sind. Hinzu kommt, dass Warntafeln oft gestohlen (und als Souvenirs verkauft) werden.

**Gekennzeichnetes Minenfeld mit Weg zu den einzelnen Räumbereichen**

### 1.1.2 Nicht offizielle (behelfsmäßig hergestellte) Warntafeln

Zusätzlich zu den offiziellen Warntafeln findet man anders geartete Schilder, um die Bevölkerung vor Betreten eines Gebietes zu warnen. Reguläre Truppen und andere offizielle Personen können Warntafeln nutzen, um aufzuzeigen, dass das Gelände hinter den Tafeln als gefährlich angesehen wird, bzw. dass hier Räummaßnahmen geplant sind oder bereits stattfinden. In vielen Ländern sind solche Gebiete zum gefährlichen Abschnitt mit rot angemalten Steinen abgegrenzt. Der sichere Bereich wird mit weißen Steinen gekennzeichnet. Auch Gebäude, Straßen und Bäume können rot/weiß angemalt und ggf. mit Koordinaten und einer Minen- oder Kampfmittelfeldnummer versehen sein. Räumfirmen kennzeichnen in Afghanistan und anderen Teilen der Welt auf diese Weise die Einstufung eines erkundeten und vermessenen Gebietes als gefährlich.

Falls keine offiziellen Warnschilder aufgestellt, diese ggf. unleserlich oder einfach nicht mehr vorhanden sind, hat die Bevölkerung

**Abgesperrtes Kampfmittelfeld mit Angabe der Räumfirma und Feldnummer**

oft eigene Warntafeln und -zeichen und eigene Methoden zur Warnung vor Minen und Kampfmitteln entwickelt. Solche Methoden können von Land zu Land unterschiedlich sein, deswegen ist es wichtig, sich vor einem Aufenthalt in einem Land mit Minen- oder Kampfmittelbelastung zu informieren. Bei örtlich genutzten Warntafeln und -zeichen gibt es keine festen Regeln und sie erschließen sich auch erst einmal nur für die lokale Bevölkerung. Trotzdem sind diese Warntafeln und -zeichen ernst zu nehmen. Sie können folgendermaßen aussehen:

**ACHTUNG!**

Niemals in Gebiete hineinlaufen, die durch Warntafeln, Stacheldraht oder Absperrungen aller Art gesichert sind. Jederzeit Warnhinweise auf Minen oder Kampfmittel respektieren.

- gebundenes Stück Stoff oder eine Plastiktüte an einem Zaun
- Getränkedose auf einem Pfahl
- kleine Steinhaufen oder kreisförmig ausgelegte Steine
- größere Steine, die quer über einen Pfad gelegt wurden
- Grasstücke, die in der Mitte zusammengebunden sind
- Stöcke, die in Form eines Kreuzes zusammengebunden und mitten auf dem Weg liegen oder nahe dem Weg aufgestellt wurden
- Zeichen in der Rinde von Bäumen
- abgebrochene Zweige

Aufgrund ihrer improvisierten Art geben örtliche Zeichen oft keine Hinweise auf die genauen Grenzen oder den genauen Ort der Gefahren. Es ist wie bei einer unvermutet auf einem Weg stehenden Schranke ohne weitere Hinweise und Schilder. Woher soll man wissen, auf welcher Seite man sich befindet, welche die sichere und welche die gefährliche Seite ist? Man muss also nach zusätzlichen Hinweisen Ausschau halten, die die Gefahr weiter kon-

Rote und weiße Steine kennzeichnen die Grenze des sicheren zum unsicheren Bereich

kretisieren. Zusätzliche Hinweise können eine zerstörte Brücke, ein merkwürdig aussehendes Schlagloch im Asphalt oder andere Auffälligkeiten sein. Was es auch immer ist, diese improvisierten Warntafeln und -zeichen weisen auf eine Gefahr hin. Vorsicht sollte geboten sein.

**ACHTUNG!**

Vor einer Reise durch ein unsicheres Gebiet ist die Minen- und Kampfmittellage bei autorisierten Stellen einzuholen.

## 2 HINWEISE AUF EINE GEFAHR

Minen, Kampfmittel und IEDs können in unzähligen Gebieten auf der Erde aufgefunden werden, zumeist in Bereichen, in denen Kampfhandlungen stattgefunden haben oder die für die Kombattanten von taktischer Wichtigkeit waren. Da viele dieser Gebiete nicht oder nicht mehr offiziell gekennzeichnet sind, ist es unerlässlich, nach anderen Hinweisen zu schauen, die Aufschluss darüber geben können, ob es sich um ein entsprechend belastetes Gebiet mit Gefahrenpotenzial handelt. Im folgenden Abschnitt werden einige Hilfen angeboten, um gefährliche Bereiche zu identifizieren:

- Sichtbare Minen, Kampfmittel und IEDs
- Anzeichen von (ehemaligen) militärischen Aktivitäten
- Kampfspuren an Gebäuden, Kadaver von Tieren und ortsunübliche Gegenstände
- Verhalten der Bevölkerung

## 2.1 SICHTBARE MINEN, KAMPFMITTEL UND IEDS

### 2.1.1 Kanten und Umrisse von eingegrabenen Minen, herausragende Metall- oder Holzstöcke

Minen sind schon aufgrund ihrer Tarnfarbe, durch ihre Form und auch durch die Farben der Umgebung schwer zu erkennen. Hinzu kommt das Problem, dass Minen eingegraben sein können, bzw. die Vegetation die Minen überdeckt. Ab und zu hat man aber Glück und Minen

Stockmine PMR-U mit Stolperdraht

sind entweder nur an der Oberfläche verlegt oder im Laufe der Zeit durch die Witterung freigelegt worden. Erosion und die Naturkräfte können Landminen teilweise freilegen. Schnee, der im Winter die Minen überdeckt, bewirkt, dass Minen durch die Schneeschmelze an die Oberfläche gespült werden können. Allerdings kann durch Starkregen oder andere Naturkräfte auch der gegenteilige Effekt auftreten und die Mine durch Erde, umstürzende Bäume oder abrutschende Hänge verdeckt werden. Wenn man sich in einem Gebiet befindet und sich nicht sicher fühlt, sollte man stehenbleiben und Ausschau halten, ob irgendwelche Objekte zu erkennen sind, die ggf. aus Kunststoff oder Metall hergestellt wurden und nicht an diesen Ort gehören. Wenn man sich nicht sicher ist, diese Objekte einwandfrei als Nicht-Mine oder Nicht-Kampfmittel identifizieren zu können, muss man von der größten anzunehmenden Gefahr ausgehen und sollte nicht weiter in das Gebiet vordringen. Auch Holz- oder Metallstöcke, die etwa 30 cm weit aus dem Boden herausragen, bieten einen großen Anhalt für das Vorhandensein von Landminen.

**ACHTUNG!**

**Keine eigenen Markierungen über Minen- oder Kampfmittelfelder anbringen, ohne dafür die internationalen Regeln zu kennen und diese auch in Lehrgängen geübt zu haben. Jederzeit nach ungewöhnlichen und deplatziert wirkenden Gegenständen Ausschau halten. Keine Risiken eingehen und bei jeder Art von Zweifel ein verdächtiges Gebiet meiden oder auf sicherem Wege verlassen.**

Landminen sind selten als Einzelmine verlegt worden. Daher sind Anzeichen für eine Landmine immer als Anzeichen für ein ganzes Minenfeld zu werten.

### 2.1.2 Unbewachte, weggeworfene oder zurückgelassene Munition (ERW)

Gebiete mit unbewachter, weggeworfener oder zurückgelassener Munition sind in der Regel einfacher zu erkennen als Minenfelder. Aller-

**ACHTUNG!**

Niemals an ERW herantreten, sie berühren oder bewegen!

dings kann eine verlassene militärische Stellung, ein altes Munitionsdepot oder ein Munitionsstapel am Wegesrand durchaus durch Minen gegen unbefugte Annäherung oder auch Diebstahl gesichert sein. Weggeworfene Munitionsbehälter, Waffen und auch ungenutzte Munition sind Hinweise auf ein Kampfgebiet oder einen Übungsplatz und sichere Hinweise auf die Anwesenheit von weiteren Kampfmitteln und Minen.

## 2.2 DRÄHTE UND ABSPERRUNGEN

Einige Arten von Landminen, aber auch Sprengfallen und IEDs werden über Stolperdrähte oder mit Hilfe eines elektrischen Stromkreises ausgelöst. Wenn man in einem (ehemaligen) Kampfgebiet Drähte oder Drahtstücke erkennen kann, ist dies ein Indiz für das Vorhandensein oder die ehemalige Nutzung von Landminen, Sprengfallen oder IEDs. Stolperdrähte werden gebräuchlich über Pfade, Wege, Eisenbahnstrecken, Felder und andere Bereiche gespannt, auf denen Fußgänger unterwegs sein könnten. Es ist wichtig, sich jederzeit darüber im Klaren zu sein, dass Stolperdrähte sehr schwierig zu erkennen sind und man jederzeit mit ihnen zu rechnen hat, auch wenn man vermeintlich nichts Verdächtiges sieht.

### 2.3 Kipphebel und Zünder

Manchmal ragen längere Stäbe (Kipphebel) oder Zünder aus dem Erdreich heraus. Dies ist ein Indiz für das Vorhandensein von Anti-Fahrzeugminen. In der Regel ist in diesem Gebiet auch mit Anti-Personen-Minen zu rechnen.

Zünder können von vorhandenen Kampfmitteln entfernt sein und separat auf dem Erdboden herumliegen. Sie können aus Munitionsbehältern entnommen worden sein, um sie (zu einem späteren Zeitpunkt) mit einem Geschoss oder einer anderen Munition zu komplettieren. Auch Zünder bergen ein hohes Potenzial an Gefahr und sind ein sicheres Indiz für Kampfhandlungen, Anwesenheit von Minen und Kampfmitteln.

## 2.4 WEGGEWORFENE VERPACKUNG, BEHÄLTER UND MILITÄRISCHE AUSRÜSTUNG

Manchmal müssen militärische Kräfte eine Stellung oder eine Einrichtung sehr rasch aufgeben und dabei Verpackungsmaterial, Spulen für Stolperdrähte und Sicherheitssplinte der Landminen zurücklassen. Eindeutige Indizien für die Präsenz von Landminen und UXOs sind Holz-, Kunststoff- oder Metallbehälter mit entsprechenden militärischen Beschriftungen, schmale Metallringe mit einem Metallstift sowie Drahtstücke. Auch leere Schüttbombenbehälter zeugen in einem Kampfgebiet von einer latenten Gefahr.

**ACHTUNG!**

Keine verlassenen militärischen Einrichtungen oder Stellungen betreten!

Abdeckkappe einer Kleinbombe BLU-97B

# 3 ANZEICHEN FÜR KAMPFHANDLUNGEN ODER MILITÄRISCHE AKTIVITÄTEN

## 3.1 GRÄBEN, WÄLLE, BUNKER UND STELLUNGEN

Jedes Gebiet, welches von Kombattanten besetzt war, besonders Bunker, Gräben, Wälle oder Stellungen, kann als Schutz vor einem Angriff vermint sein. Verlassene militärische Einrichtungen können mit Stolperfallen versehen sein, um eine Nutzung durch feindliche Truppen zu verhindern. Zusätzlich ist in solchen Gebieten verstärkt mit Kampfmitteln zu rechnen.

## 3.2 BESCHÄDIGTE, VERLASSENE ODER ZERSTÖRTE ZIVILE UND MILITÄRISCHE (KAMPF-)FAHRZEUGE

Ein beschädigtes, verlassenes oder zerstörtes ziviles oder militärisches (Kampf-)Fahrzeug ist ein Hinweis auf die Anwesenheit von Blindgängern, Anti-Fahrzeug- und/oder Anti-Personen-Minen. Ggf.

**Ein Selfie mit dem Panzerwrack? Keine gute Idee**

> **ACHTUNG!**
>
> Minen sind „Herdentiere" und treten niemals alleine auf.

werden auch Metallstücke, Schrott oder Splitter aufgefunden, dies sind in der Regel Indizien für eine Explosion. Verlassene Fahrzeuge haben Sprengfallen, bei Kampffahrzeugen ist mit toxischen Treibstoffen oder auch mit Kampfstoffresten zu rechnen. Beschädigungen mit Brandspuren deuten auf die Nutzung von DU-Munition[4] hin. Reste von Explosivstoffen oder anderen gefährlichen Stoffen sind nicht zweifellos auszuschließen. Jederzeit besteht eine latente Gefahr für Leib und Leben.

## 3.3 BESCHÄDIGTE ODER ZURÜCKGELASSENE WAFFEN

Beschädigte Waffen(-systeme) findet man in Kampfgebieten und Stellungen. Von diesen geht eine besondere Gefahr aus. Die Waffen können geladen sein. Waffenträger sind ggf. verschussfertig und/oder auch mit Sprengfallen versehen. Fremde Waffeneinwirkung, Brände und Witterung können Waffen soweit vorschädigen, dass die Berührungsempfindlichkeit stark steigt. Annäherung, Berührung oder Manipulation ist lebensgefährlich und sollte strikt unterlassen werden.

## 3.4 MILITÄRISCHE KONTROLLPUNKTE UND GRENZGEBIETE

Je länger Kombattanten ein Gebiet besetzt halten, umso mehr Zeit haben sie, sich selbst und ihre Einrichtungen zu schützen. Dies geht am einfachsten durch das Legen von Minen in der unmittelbaren Umgebung der militärischen Einrichtungen. So lassen sich vor Kontrollpunkten die Verkehrsströme kanalisieren und mögliche Angreifer abschrecken.

---

4 Siehe Anhang 4 unter 1.

In vielen Ländern wurden entlang der internationalen Grenzen Minenfelder angelegt, teilweise auch zwischen Provinz- und Bezirksgrenzen, um ein Einsickern von oppositionellen Gruppen oder auch Invasoren zu verhindern. Die Räumung dieser Gebiete nach Beendigung eines Konfliktes erfolgt oft nicht oder nur unzureichend, und wenn, dann als letzte Maßnahme, besonders wenn die Spannungen zwischen den Kriegsparteien oder die internen Konflikte noch nicht endgültig beseitigt sind.

## 3.5 BEREICHE IN DER NÄHE VON MILITÄRISCHEN GEBÄUDEN UND EINRICHTUNGEN

Die Nutzung von Landminen und Sprengfallen ist meist defensiver Natur, beispielsweise bei der Verteidigung von militärischen Gebäuden und Einrichtungen sowie von kriegswichtigen Bereichen. Zäune, Zugangsbereiche und besonders wichtige Gebäude innerhalb von Lagern, wie Kraftwerke, können zusätzlich durch Minenfelder geschützt sein.

Hinzu droht in verlassenen militärischen Gebäuden und Einrichtungen die Gefahr durch zurückgelassene Munition und Blindgänger. Größere Lager können auch Munitionsdepots mit größeren Mengen an zurückgelassener Munition beinhalten. Die Munition ist dann durch Sprengfallen, Witterungseinflüsse und fehlender Wartung in einem bedenklichen Zustand. Bei einer Auslösung droht die Gefahr einer Massendetonation mit entsprechend katastrophalen Auswirkungen für das Umfeld.

## 3.6 BRÜCKEN, DÄMME UND DEREN NÄHERE UMGEBUNG

Ein weiterer militärischer Nutzen von Minen liegt in der Behinderung oder Umleitung der feindlichen operativen Bewegungen. Das Verminen von Brücken, Dämmen und deren unmittelbarer Umgebung kann die Vormarschroute von feindlichen Kräften stoppen und ggf. den Zugriff auf kriegswichtige Bauwerke verhindern. Daher ist es sehr wichtig, sich nicht abseits geräumter Flächen an Brücken oder Dämmen aufzuhalten. Minentafeln sollten auf jeden Fall respektiert werden.

IEDs werden häufig an sogenannten „Vulnerable Points“ angebracht. Diese „anschlagsgünstigen Punkte“ sind zumeist Brücken, Kreuzungen und Engstellen. Fahrzeuge können diese zumeist nur mit einer verminderten Geschwindigkeit durchfahren, so dass man sie auch „Slowdown Points“ nennt. Brücken und (Wasser-)Durchlässe eignen sich besonders für die Nutzung von IEDs, da sie in der Regel in der Straße sehr viel Platz für größere Mengen an Sprengstoff bieten. Auch lassen sich hier leicht Zielmarkierungen für einen Attentäter anbringen, ohne dass diese sofort auffallen. In Verbindung mit guten Beobachtungsmöglichkeiten (Sichtstrecke), einem sicheren Beobachtungspunkt und einer guten und schnellen Rückzugsroute lassen sich Brücken, Durchlässe und andere Engstellen sehr gut für IEDs mit einer draht- oder funkgestützten Auslösung (commandwire oder radio-controlled) nutzen.

## 3.7 STRAßEN UND WEGE

Strategisch wichtige Straßen und Wege werden oft vermint, um einen Gegner oder auch der Zivilbevölkerung Bewegungen auf diesen Verkehrswegen zu verwehren. Die Verminung von Straßenrändern und -gräben nimmt z. B. einem Gegner die Möglichkeit, eigene Bewegungen durch Angriffe zu hemmen. Straßen können beschädigt oder durch verlassene oder zerstörte Fahrzeuge blockiert sein. Straßen mit Kontrollpunkten haben verminte Engstellen, um künstliche Slowdown-Points zu schaf-

**ACHTUNG!**

Niemals über den Straßenrand hinaus die Straße verlassen. Langsam und vorausschauend fahren sowie den Gegenverkehr an geteerten Ausweichstellen passieren lassen. Im Zweifel bis zur letzten Ausweichstelle zurücksetzen.

fen. Daher ist es gefährlich, die Straße zu verlassen, sei es, um einem entgegenkommenden Fahrzeug auszuweichen oder auch, um ein Hindernis zu umgehen.

Bei einigen terroristischen Anschlägen wurde der Straßenasphalt mittels Dieselkraftstoff aufgeweicht und aufgegraben. Nach Einbringen eines IEDs in das Loch wurde der Straßenbelag mittels des aufgeweichten Asphalts wieder gefüllt und die kreisrunde Veränderung im Straßenbelag durch Sand oder Erde abgetarnt. Gleichermaßen wurde mit dem elektrischen Kabel des CW-IEDs verfahren. Nur dann, wenn die Tarnung im Laufe der Zeit durch den Straßenverkehr verweht wird, sind das kreisrunde Loch und die schmale Linie im Asphalt zu sehen.

Beispiele für Engstellen und „Slowdown Points“ sind scharfe Kurven, Straßendurchlässe an Pässen und Wege mit üppiger Vegetation. In Verbindung mit einer guten Sichtlinie und einem sicheren Beobachtungspunkt sind diese Engstellen sehr gute Punkte für einen Anschlag mit einem IED.

## 3.8 ÖFFENTLICHE VERKEHRSEINRICHTUNGEN

Wie Brücken, so sind auch Flugplätze mit Start- und Landebahnen sowie das Eisenbahnnetz mit Bahnhöfen und Gleisanlagen besonders wichtig für den Transport von militärischem Nachschub und Truppen. Daher gibt es oft Versuche gegnerischer militanter Kräfte, diese wichtigen Verbindungen durch Sprengfallen und IEDs zu unterbrechen. Die andere Kampfpartei nutzt wiederum die Möglichkeit, diese Verkehrseinrichtungen durch die Anlage von Minenfeldern zu schützen.

Daher sollte man sich, wenn überhaupt, diesen Einrichtungen nur unter äußerster Vorsicht und über offizielle Eingänge und Zuwegungen nähern. Minentafeln und Zäune können umgefallen bzw. abgebaut worden, offizielle Eingänge ggf. verlassen, aber noch durch Minen und Sprengfallen gesichert sein.

## 3.9 ELEKTRISCHE VERSORGUNG UND WASSERBAULICHE ANLAGEN

Kraftwerke, Freileitungen und Umspannwerke sind in Kriegszeiten strategisch sehr wichtig. Eine Unterbrechung dieser Versorgung bringt eine Besatzungstruppe oder auch die Landesregierung in ernste Schwierigkeiten. Die fehlende Elektrizitätsversorgung führt dann zu Unruhen, Ausfällen in der Produktion und zu Engpässen in der Lebensmittelversorgung (Kühlung). Daher hat die militärische Seite, aber auch oppositionelle Gruppen, ein besonderes Augenmerk auf elektrische Anlagen.

Auch Dämme, Kanäle und Wasserwerke sowie Leitungssysteme sind wichtig für eine geregelte Versorgung der Bevölkerung. Weiterhin können durch Sprengungen an Dämmen und Kanälen große Bereiche eines Landes geflutet und so entweder feindlichen Kräfte entzogen oder deren Bewegungen gehemmt werden. Daher sind auch diese vielfach durch Minen und Sprengfallen gesichert.

**ACHTUNG!**

Auch in Deutschland gibt es noch ein verlassenes Minenfeld zur Sicherung von wasserbaulichen Anlagen. So wurde im Jahr 1943 zum Schutz der Urft-Talsperre gegen feindliche Kommandotrupps der westliche Uferbereich an der Urft-Talsperrenmauer mit Schützenabwehrminen vom Typ Glasmine 43 vermint. Das Gebiet ist bis heute nicht geräumt und ist Kernzone des Nationalparks Eifel.

## 3.10 SCHATTIGE BEREICHE, OBSTBÄUME, WASSERQUELLEN, BRUNNEN UND SANDBÄNKE, SOWIE HÖHLENEINGÄNGE

Soldaten und Mitglieder von militanten Gruppen sowie Zivilisten suchen bei Fluchtbewegungen und längeren Fußmärschen oft nach schattigen Rastplätzen, Schutz vor ungünstiger Witterung oder Tarnung. Dazu eignen sich Baumgruppen oder Höhlen besonders gut, die auch vielfach der lokalen Bevölkerung als Treffpunkt für den Austausch von Informationen oder auch Versorgungsgütern dienen. Diese Bereiche sind als bekannte Treffpunkte und als Bereiche mit einer hohen Fluktuation anschlagsgünstige Punkte und daher zu meiden.

Obst (Zusatzversorgung) sowie die wichtige Wasserversorgung sind gerade in Krisenzeiten von besonderem Interesse. Eine Verminung oder die Anlage von Sprengfallen dient dann zum einem dem Schutz oder auch der Verwehrung dieser Einrichtungen.

Sandbänke und Furten sind wie Brücken als Engpässe anzusehen und vor einer Nutzung entsprechend zu bewerten.

## 3.11 BAUHÖFE UND BAUSTELLEN

Baumaterial wie z. B. Holzträger und Backsteine sind oft begehrte Rohmaterialien. In Gebieten, in denen diese Materialien nicht oder nur schwer zu bekommen sind, nutzt die Bevölkerung oft Kampfmit-

**Begehrtes Rohmaterial: Stahlhülsen**

tel wie Artillerieraketen oder Patronenhülsen als Baumaterial, um Gebäude wieder instand zu setzen. Fenster sowie Türstürze, Treppen und Mauern können demnach Blindgänger und andere gefährliche Materialien als Baumaterial enthalten.

# 4 HINWEISE AUF GEFÄHRDUNGEN: KADAVER VON TIEREN UND (ORTS-)UNÜBLICHE GEGENSTÄNDE

## 4.1 VERÄNDERUNGEN DER VEGETATION ODER IN DER BODENBESCHAFFENHEIT

Derartige Veränderungen können auf die Anwesenheit von Landminen hinweisen. Die Farbe der Vegetation zeigt Muster oder Unregelmäßigkeiten, z. B. von vertrocknetem Gras oder Pflanzen an. In sandigem Boden kann sich die Farbe des Sandbodens z. B. von ocker nach braun oder anderen Schattierungen ändern. Unregelmäßigkeiten in einer Fläche durch kleine maulwurfshügelartige Erhebungen durch das ausgehobene Erdreich lassen auf frisch vergrabene Minen schließen. Bei längeren Liegezeiten der Minen kommt es zu leichten Vertiefungen über der gelegten Mine, da das Erdreich hier leichter durch Regenfälle wegschwimmt.

Ausgehobene vertrocknete Grassoden zeigen an, wo mit dem Spaten Wurzeln gekappt und ggf. Minen vergraben wurden. Bei frisch vergrabenen Minen ist das Erdreich aufgrund der Feuchte dunkler.

In trockenen Landstrichen ist der Bewuchs über den vor längerer Zeit gelegten Landminen grüner. Minen mit Metallumhüllung kühlen das umgebende Erdreich in der Nacht stärker ab und verstärken so die Kondensation der Luftfeuchtigkeit. Diese im Vergleich zur Umgebung größere Wassermenge führt zu einem besseren Bewuchs.

Diese Hinweise gelten auch für nahe einer Straße, auf einer Schotterpiste oder an anschlagsgünstigen Punkten vergrabene IEDs.

## 4.2 VERLASSENE DÖRFER UND ÜBERWUCHERTE BEREICHE

Verlassene Dörfer und ungenutzte Felder sind vor allem in Kriegszeiten Warnsignale, da in solchen Zeiten zumeist Mangel an intaktem Wohnraum und Nahrungsmitteln herrscht. Es gibt in diesen Fällen wesentliche Gründe für ein solch unverständliches Verhalten der Bevölkerung, z. B. die Anwesenheit von Minen, Blindgängern und Sprengfallen. Nach einem Angriff mit Schüttbomben oder Bomblet-Munition kann ein Bereich mit UXOs kontaminiert sein und ist dann ähnlich gefährlich wie ein Landminenfeld.

## 4.3 VERLASSENE ODER ZERSTÖRTE GEBÄUDE

Häufig werden bei Kampfhandlungen in Häuser Sprengfallen oder Minen gelegt. Dies kann zur eigenen Verteidigung dienen, aber auch um eine Nutzung der Gebäude für einen Gegner zu erschweren. Wenn ein Gebäude schwer beschädigt oder unbenutzbar ist, ist in diesem Bereich zusätzlich mit dem Vorhandensein von Blindgängern zu rechnen. Verlassene und abseits gelegene Gebäude sind gute Waffen- und Munitionsverstecke und werden in der Regel durch Minen oder Sprengfallen gesichert.

## 4.4 ZWEIGE ODER BAUMSTÄMME, DIE ÜBER WEGE UND STRAßEN GELEGT WURDEN

Bei Hindernissen auf Straßen und Wegen ist der Grund ihres Vorhandenseins zunächst unklar. Zum einen können Barrikaden dazu dienen, Fahrzeugbewegungen vor einem Kontrollpunkt zu verlangsamen, bzw. eine Weiterfahrt unmöglich zu machen. Zum anderen dienen sie der Bevölkerung als Schutz vor Einfahrten in ein unsicheres Gebiet. Wenn der Zweck einer Barrikade unklar ist, ist es sicherer, eine andere Route zu wählen.

Man sollte sich aufgrund von getarnten Minen, Sprengfallen oder IEDs einer Barrikade nicht nähern. Eine Auslösung erfolgt durch Stolperdrähte oder auch durch einen Beobachter.

## 4.5 EXPLOSIONSKRATER

Krater oder entsprechende Flickstellen in Straßen sind sichtbare Zeichen für die Verwendung von Kampfmitteln und Minen. Auch können unter Flickstellen Minen oder IEDs verborgen sein. Wenn von der Flickstelle eine schmale Furche zum Straßenrand führt, ist in diesem Falle immer von einem CW-IED auszugehen. Vor einer Weiterfahrt ist daher immer die Kampfmittel- und Minenlage abzufragen und die Umgebung aus sicherer Entfernung zu beobachten. Vorsicht vor nicht geräumten Minenfeldern und übersehenen Minen! Auf jeden Fall sollte man eine befestigte Straße niemals verlassen.

Einschläge von Mörserpatronen, Granaten, Kleinbomben und anderer Munition hinterlassen strahlenförmige Riefen im Asphalt. Hinzu kommen Einschlagslöcher und flache Explosionskrater sowie Leitwerke von Mörserpatronen oder Blindgänger, die ggf. im Asphalt stecken.

**Verlassene Brücken und ungenutzte Furten sind bedenklich**

## 4.6 UNGENUTZTE ODER ÜBERWUCHERTE WEGE, STRAßEN UND FELDER

Wenn ein Bereich erkennbar ungenutzt oder überwuchert ist oder Wege oder Pfade längere Zeit unbenutzt und überwuchert sind, ist dies oftmals auf Minen oder UXOs zurückzuführen.

## 4.7 KADAVER UND SKELETTE

Tote Körper, Skelette oder Kadaver, welche trotz Bergungsmöglichkeiten zurückgelassen wurden, deuten auf ein Minenfeld hin. Dabei ist zu berücksichtigen dass verwundete Tiere oder Menschen trotz schwerer Verletzungen durchaus in der Lage sind, vom Unfallort bis zum Fundort größere Strecken zurückzulegen. Daher ist es wichtig, auf weitere Hinweise z. B. am Erdboden zu achten.

Leichen von Kombattanten sind nicht ungefährlich. Waffen und Munition am Körper können ggf. teilausgelöst sein, z. B. Handgranaten, bei denen der Sicherungssplint schon entfernt ist und der Sicherungsbügel nur noch durch das Körpergewicht gehalten wird. Auch eine Sprengfalle gegen Bewegen oder Aufnehmen des Körpers ist möglich.

## 4.8 UNGEWÖHNLICH ODER DEPLATZIERT ERSCHEINENDE OBJEKTE

In einem Gebiet mit einem andauernden Konflikt kann man viele Dinge sehen, die unüblich oder ungewöhnlich sind und die einen neugierig anziehen. Sie können abseits einer Straße liegen oder in einer Hofeinfahrt, auf einem Balkon oder in einem Haus. All diese Dinge können mit Sprengfallen versehen sein. Wenn nicht bekannt ist, wem dieses Objekt gehört und wer es zuletzt benutzt oder dort hingelegt hat, sollte man sich diesem Objekt nicht nähern, bzw. es nicht berühren oder bewegen. Vor allem bei Fahrten durch unsicheres Gebiet sollte man sich daran erinnern, dass die sicherste Annäherung an ein unbekanntes Objekt ist, diese Annäherung zu unterlassen.

Verlockend, die Patronenhülse aus der Mauer zu ziehen

Auf einem Haufen oder Stapel liegende Munition kann unsichere Munition, wie Blindgänger oder beschädigte Munition, enthalten. Eine vorbereitete Sprengung ist nicht auszuschließen. Ebenso wahrscheinlich ist die Verminung des Annäherungsweges oder der Schutz der Munition vor Zugriff mittels einer Sprengfalle. IEDs, ggf. mit einer Fernzündung, können auf einen neugierigen Durchreisenden warten, der die Munition aus der Nähe betrachten will oder sich der Munition vielleicht nur für ein Erinnerungsfoto nähert. Alle diese Tätigkeiten sind extrem gefährlich und sollten unterlassen werden.

# 5 VERHALTEN DER LOKALEN BEVÖLKERUNG

Die ortsansässige Bevölkerung und deren Verhalten geben gute und zuverlässige Hinweise auf Minen- und Kampfmittelfelder. Ebenso weisen die Handlungen der lokalen Bevölkerung auf mögliche IED-Anschläge hin. Eine kritische Beobachtung, vielleicht mit ein paar weiteren Hinweisen, hilft also, die Gefährdungslage von Gebieten, Gebäuden oder der derzeitigen Situation zu beurteilen.

Achten Sie auf

- Personen, die sich mit Digitalkameras oder Mobiltelefonen scheinbar unauffällig in der Nähe von größeren Menschenansammlungen, besonderen zivilen oder militärischen Einrichtungen und Gebäuden aufhalten, z. B. Bushaltestellen, an denen Gruppen von Polizisten oder Militärangehörige einsteigen,
- Personen, die offensichtlich eine Situation ausspähen, z. B. die an jedem Tag um die gleiche Zeit stattfindende Abfahrt einer Patrouille,
- Personen, die beim Annähern von Zielpersonen oder -fahrzeugen auffällig Zeichen geben,
- Gegenstände, die an diesem Ort nicht abgestellt sein sollten, z. B. Koffer in der Nähe der Eingangsbereiche von gut frequentierten Gebäuden,
- Fahrzeuge, die überladen wirken und in der Nähe von Sperrzonen oder besonders zu schützenden Einrichtungen stehen, z. B. in der Nähe von Tagungshotels,
- Fahrzeuge, die eine Kolonne beschatten, indem sie mal die Kolonne überholen, sich wieder zurückfallen lassen, ggf. einem Triggerman Zeichen geben und
- Fahrzeuge, die versuchen, in Kolonnen einzudringen.

## 5.1 UNTYPISCHES VERHALTEN

Die örtliche Bevölkerung reagiert auf Änderungen in ihrer Umgebung. Wenn eine Gefahr auftritt, wird man versuchen, ihr zu begegnen. Leere Straßen, ohne Fußgänger und Fahrzeugverkehr oder normalerweise gut zu befahrene und begehbare Straßen zu normalen Geschäftszeiten, sind in allen Gebieten auf der Welt ungewöhnlich. Einkaufsstraßen oder Tankstellen, die zu normalen Öffnungszeiten wie ausgestorben sind, sollten einem Beobachter zu denken geben. Hier ist äußerste Vorsicht geboten, ein IED-Anschlag oder ein Angriff könnte unmittelbar bevorstehen.

**Leere Straßen? Das kann Minuten später anders aussehen!**

## 5.2 VERBOTENE ZONEN

Niemals sollte man in Bereiche hineinlaufen oder -fahren, die von der Bevölkerung gemieden werden. Zu diesen Bereichen zählen sowohl Wege und Straßen, als auch Ortschaften und Felder. Solche Bereiche können verlassen, unbenutzt oder unbewohnt erscheinen. Zumeist (leider nicht immer) weiß die örtliche Bevölkerung, welche Gebiete gefährlich sind, weil sie ggf. Zeuge der Kampfhandlungen war, eigene Verluste hatte, beobachtet hat, wie die Minenfelder gelegt wurden oder weil sie die Minen selbst gelegt hat. Zurückkehrende Teile der Bevölkerung oder Flüchtlinge haben diese Informationen nicht. Daher sollte man nachfragen, wie lange jemand in einem Gebiet wohnt und was er dort beobachtet hat.

In vielen Fällen kann man Teile der Bevölkerung beobachten, die das Räumen von Minen- und Kampfmittelfeldern ohne die Unterstützung von professionellen Helfern und Räumorganisationen vornehmen. Es ist wichtig, auch von diesen Teilen der Bevölkerung Informationen über die Minen- und Kampfmittellage zu bekommen, aber man sollte sich von den Räumarbeiten weit genug entfernt aufhalten.

## 5.3 SCHROTTSAMMLER UND FISCHER

Blindgänger und zurückgelassene Munition enthalten begehrte Rohstoffe. Als Beispiel: Ein Artilleriegeschoss enthält Stahl in hoher Güte, Messing und Sprengstoff. In Ländern mit extremer Armut, aber einer hohen Anzahl von Blindgängern und zurückgelassenen Munitionsbeständen ist die Bevölkerung oft genug darauf angewiesen, die Munition zu sammeln, den Sprengstoff zu entnehmen (oder auszubrennen) und die jeweiligen Metalle zu gewinnen. Teilweise wird auch auf den Blindgängern herumgehämmert, um die Führungsbänder aus Messing zu gewinnen, bei zurückgelassener Munition wird versucht, die Patronenhülsen abzuziehen. Hierbei geschehen sehr häufig Unfälle.

Auch bei Schrotthändlern trifft man immer wieder auf unsachgemäß entschärfte Munition oder Munitionsteile. Sprengstoffanhaftungen, vergessene Zünder oder auch Geschosse aus DU gefährden die Bevölkerung, Souvenirsammler und Neugierige.

Fischen mit Landminen, Handgranaten und Panzerfäusten ist in Gebieten mit hoher Kampfstoffbelastung nicht ungewöhnlich. Man sollte diese Information als ein weiteres Indiz für das Vorhandensein von Kampfmitteln und Minen nehmen.

Personen, die offensichtlich einen Unfall mit Waffen oder Munition überlebt haben, fallen sofort ins Auge. Unsachgemäß entzündetes Treibladungspulver verursacht häufig Gesichtsverletzungen bei Kindern und Jugendlichen (Mutprobe). Amputationen von Gliedmaßen deuten auf Explosionen hin. Alle diese Hinweise sind ernst zu nehmen und in die eigene Beurteilung der Kampfmittel- und Minenlage aufzunehmen.

**Schrottsammler nach einer Bombensprengung**

# EINFACHE SICHERHEITSREGELN ZUR GEFAHRENMINIMIERUNG

# III

1 BASISWISSEN – EINFACHE REGELN RETTEN LEBEN

1.1 RISIKOBEHAFTETES VERHALTEN

1.1.1 BEWUSSTE INKAUFNAHME EINES RISIKOS

1.1.2 UNABSICHTLICHE INKAUFNAHME EINES RISIKOS

2 WAHRHEIT UND DICHTUNG ÜBER MINEN UND KAMPFMITTEL

3 SICHERHEITSHINWEISE FÜR GRUPPEN

4 SICHERHEITSHINWEISE FÜR EINZELREISENDE

4.1 GRUNDLEGENDE SICHERHEITSHINWEISE

4.2 VORBEREITET SEIN

4.2.1 SICHERHEITSTRAINING ÜBER MINEN, KAMPFMITTEL UND IEDS UND ERSTE HILFE TRAINING

4.2.2 INFORMATIONEN ÜBER DIE SICHERHEITSLAGE EINHOLEN

4.2.3 ERSTE-HILFE-AUSRÜSTUNG

4.2.4 KOMMUNIKATION

4.2.5 MINENKARTEN

4.3 ABSCHÄTZEN DES ÖRTLICHEN RISIKOS

4.4 ÜBERPRÜFEN SIE IHR VERSTÄNDNIS FÜR DIE BEDROHUNG

4.4.1 REISEN IN EINEM FAHRZEUG

4.4.2 REISEN ZU FUß

# EINFACHE SICHERHEITSREGELN ZUR GEFAHRENMINIMIERUNG

## 1 BASISWISSEN – EINFACHE REGELN RETTEN LEBEN

Falls man auf einer Fahrt durch ein mehr oder weniger sicheres Gebiet nachfolgend aufgeführte Dinge sieht, sollte man sich darüber klar sein: Dieser Bereich ist gefährlich und eine Weiterfahrt ist mit Risiken verbunden. Vorbeugende Maßnahmen sind auf jeden Fall notwendig, um die Sicherheit für sich und seine Mitarbeiter zu gewährleisten:

- jede Art von verlassener, weggeworfener oder genutzter Munition, wie Landminen, ERWs, Blindgänger oder IEDs (oder deren Komponenten)
- Minentafeln, offizielle oder inoffizielle Schilder (auch eine Dose auf einem Pfahl oder ein Steinhaufen)
- Anzeichen von Kampfhandlungen, verlassene oder zerstörte Gebäude
- jede Art von atypischem Verhalten der Bevölkerung

**Gefährlich, wenn dort Nutzvieh weidet? Ja, gefährlich!**

Es gibt einige einfache Regeln, um die Gefahr für sich zu vermindern. Dieses Kapitel lenkt den Fokus auf einige präventive Maßnahmen, die für Gruppen und auch für Einzelreisende den Aufenthalt in Gebieten mit hohem Risiko sicherer machen können.

Zur Erinnerung hier eine Zusammenfassung der wichtigsten Punkte aus dem vorherigen Kapitel:

- Landminen, zurückgelassene Munition, Blindgänger, Sprengfallen, IEDs und Zünder besitzen sehr brisante Sprengstoffe, die schwere Verwundungen und den Tod verursachen können. Fahrzeuge können schwer beschädigt oder total zerstört werden
- jegliche Art von Munition kann auch nach Jahrzehnten noch gefährlich sein und explodieren
- Munition kann bei der Annäherung, Berührung oder Bewegung explodieren
- im Laufe der Zeit kann die Munition die Farbe verändern, Rost ansetzen oder durch Erdanhaftungen die Form ändern
- durch Witterungseinflüsse kann Munition verschüttet, weggeschwemmt oder in irgendeiner Weise bewegt werden
- Kampfmittel- und Minenfelder sind nicht immer durch offizielle oder inoffizielle Warnhinweise gesichert
- Minen, Blindgänger, zurückgelassene Munition und IEDs sind nicht immer einwandfrei zu erkennen
- Munition kann eingegraben oder unter der Vegetation (Gras, Büsche, umgefallene Bäume) verborgen sein
- Militärische Einrichtungen oder Kampfgebiete sind besonders häufig mit Minen und Kampfmitteln sowie Sprengfallen versehen
- die Tatsache, dass irgendjemand einige Minen, Blindgänger oder zurückgelassene Munition geräumt hat, ist keine Garantie für eine Minen- oder Kampfmittelfreiheit. Das Durchqueren eines solchen Gebietes ist weiterhin mit Risiken verbunden

## 1.1 RISIKOBEHAFTETES VERHALTEN

Eine Landmine ist eine explosive Vorrichtung, welche entwickelt wurde, um zu zerstören oder zu beschädigen. Um zu verstehen, was ein sicheres Verhalten in einem minen- und kampfmittelbelasteten Gebiet darstellt, ist es wichtig, eine Idee zu haben, warum es immer wieder zu Unfällen mit Munition in diesen Gebieten kommt. Es ist nicht immer nur Zufall, warum ein Unfall gerade in einer bestimmten Situation geschieht.

### 1.1.1 Bewusste Inkaufnahme eines Risikos

Es gibt Leute, die wissentlich ein minen- und kampfmittelbelastetes Gebiet betreten oder den Versuch unternehmen, ein unbekanntes, aber offensichtlich gefährliches Objekt durch Berühren oder Aufnehmen genauer zu untersuchen. Es gibt eine Anzahl von Gründen, warum Leute immer wieder dieses Risiko eingehen:

Einige Leute sind Souvenirjäger, die aus den Kampfgebieten Munition mit nach Hause nehmen, um diese ihren Freunden und Ver-

**Vielleicht ein tödliches Souvenir.
Was befindet sich unter der Schutzmaske?**

**ACHTUNG!**

Nord-Irak im April 2003: Ein 31jähriger Reporter, der mit seinem Kameramann durch den Nord-Irak reiste, besichtigte eine verlassene Stellung der irakischen Armee in der Nähe von Kifri und trat dabei auf eine Landmine. Die Panzerabwehrmine, gelegt von kurdischen Soldaten, explodierte. Der Kameramann wurde sofort getötet, der Reporter überlebte mit schweren Verletzungen. Ein Unterschenkel musste amputiert werden.

wandten zu zeigen. Minenwarntafeln, Zünder, Teile von Kampfmitteln (auch Blindgänger) und Minen werden aufgenommen im Glauben, dass sie harmlos seien. Diese Leute mögen es auch, Fotos von sich neben verlassenen oder zerstörten Kampffahrzeugen sowie anderen militärischen Gegenständen anzufertigen. Dieses gefährliche Verhalten hat durch die Nutzung von Smartphones und kleinen Digitalkameras alarmierend zugenommen. Viele Leute scheinen regelrecht besessen zu sein, sich mit verlassener oder zerstörter militärischer Ausrüstung darzustellen.

In den westlichen Ländern gibt es einen großen Markt für militärische Ausrüstungsgegenstände, besonders für jede Art von Munition. Auf Flohmärkten werden hohe Summen für Messinghülsen, Artilleriegeschosse und Zünder gezahlt. In der Regel ist diese Munition nicht offiziell für den Verkauf freigegeben und wird nicht mit einem offiziellen Freigabevermerk „frei von explosiven oder anderen gefährlichen Stoffen“ verkauft.

Viele sind einfach sorglos oder lieben das gefährliche Abenteuer. Sie haben keine Ahnung von der drohenden Gefahr und sind im Glauben, dass ihnen schon kein Unfall mit Munition passieren wird. Diese Gruppe besteht oft aus Personen, die

- über längere Zeit Gefahren ausgesetzt waren,
- keine Ahnung von der drohenden Gefahr haben,
- sich selbst und ihre Kenntnisse überschätzen.

Diese Leute setzen sich (und auch andere) im Sinne der Tapferkeit dem Risiko eines Unfalls mit Kampfmitteln oder Minen aus, ohne dabei einen Gedanken an die Gefahr zu verschwenden.

Eine weitere Gruppe von Leuten, die eigentlich wenig gemein haben mit erfahrenen Profis, glauben, alles über Landminen, Blindgänger, verlassene Munition und IEDs zu wissen. Diese Leute sind oft militärische Enthusiasten, die manchmal ihr Wissen über Waffen und Munition anderen gegenüber demonstrieren müssen. Oft dringen diese „Experten" in gesperrte militärische Bereiche ein und suchen nach Souvenirs und möglichen Ausstellungsstücken. Vielfach wird dann in der heimischen Werkstatt versucht diese Ausstellungsstücke zu öffnen, zu reinigen und auch aus ihnen Schnittmodelle anzufertigen.

## 1.1.2 Unabsichtliche Inkaufnahme eines Risikos

Viele Personen geraten unbeabsichtigt in die gefährliche Situation, ein Minen- oder Kampfmittelfeld zu betreten oder eine Mine bzw. einen Blindgänger zu berühren. Ihre Anwesenheit ergibt sich aus ih-

Neugier: Was befindet sich in dem Kampffahrzeug?

**ACHTUNG!**

Auf dem Rückweg aus dem Irak nach Hause hatte ein Journalist zwei Kleinbomben als Souvenir im Gepäck. Er hatte die beiden Kleinbomben in der Nähe eines zerstörten Fahrzeuges in Bagdad gefunden. Er nahm sie auf und transportierte sie etwa 20 Tage lang mit seinem persönlichen Gepäck durch den Irak. Vor dem Abflug in Jordanien wurde sein Gepäck durchleuchtet und die Munition von Sicherheitsleuten entdeckt. Während der manuellen Untersuchung seines Gepäcks explodierte eine der beiden Kleinbomben. Ein Mitarbeiter des Flughafens war sofort tot, drei weitere verwundet. Die zweite Kleinbombe konnte sicher aus dem Gepäck geborgen und vor Ort gesprengt werden. Der Journalist gab an, er hätte geglaubt, die beiden Kleinbomben wären nicht mit einem Zünder ausgestattet und somit sicher gewesen.

rer Aufgabe, z. B. für Bauarbeiten, bei denen das Risiko besteht, eine Mine oder Kampfmittel aus dem Boden zu holen. Diese Personen sind sich zumeist des Risikos ihrer Arbeit bewusst und können bei Unterweisungen sehr gut mit Sicherheitshinweisen und -training erreicht werden. Sie haben größeres Verständnis für die Verantwortung ihrer Arbeit, sind vorsichtiger und sorgen sich um das eigene Wohlergehen und das ihrer Arbeitskollegen.

Solange aber Menschen neugierig sind und die Neugier die Furcht überwiegt, werden sie versuchen, gesperrte Gebiete und unbekannte Objekte zu untersuchen. Sie verstehen nicht, dass ein Risiko für sich und andere bestehen könnte. Manchmal sind diese Leute auch nur schlecht über die Gefahren in einem Gebiet oder auch über Munition informiert. Viele Märchen ranken sich um Landminen, zurückgelassene Munition, Blindgänger und IEDs. Dies führt immer wieder zu einem unvernünftigen Verhalten in minen- und kampfmittelbelasteten Gebieten. Einige dieser Behauptungen sind hier aufgeführt:

# 2 WAHRHEIT UND DICHTUNG ÜBER MINEN UND KAMPFMITTEL

**Behauptung:** Es gibt einen Landminentyp, der auslöst und explodiert, wenn man von der Mine wieder heruntertritt. Dies gibt einem die Zeit und Gelegenheit, jemanden herbeizurufen, der einen schweren Gegenstand auf der Mine platziert, so dass man die Mine sicher wieder verlassen kann.

**Wahrheit:** Das gibt es nur in Filmen.

**Behauptung:** Wenn man weiß, dass ein minen- oder kampfmittelbelastetes Gebiet von Personen genutzt wird, dann kann man sich sicher in diesem Gebiet aufhalten. Wenn Minen oder Kampfmittel bei der ersten Berührung oder Bewegung nicht explodieren, dann tun sie das später auch nicht.

**Wahrheit:** Über einen längeren Zeitraum kann sich die Erde über einer Mine oder einem Kampfmittel durch Witterungseinflüsse (vor allem durch Frost, Tauwetter und Überflutung) verdichten und aushärten. Dadurch wird die Munition wie durch einen Mantel vor Berührung und Stößen geschützt und reagiert nicht bei jedem Fußtritt. Allerdings kann die Erdschicht aufweichen, wird abgetragen oder die Bedingungen in der Munition ändern sich, so dass der nächste Tritt auf die Munition diese letztendlich auslöst.

**Behauptung:** Eine Möglichkeit, einem Unfall in einem gefährlichen Gebiet zu entkommen, ist, so schnell zu laufen oder zu fahren, wie es nur geht. Somit kann man der Detonationswelle und den Splittern entkommen.

**Wahrheit:** Bei einer Detonationsgeschwindigkeit von 6000 m/s und einer Splittergeschwindigkeit von mehr als 1000 m/s hat man auch mit einem schnellen Wagen (300 km/h entsprechen etwa 100 m/s) keine Chance.

**Behauptung:** Glücklicherweise überstehen Landminen keine längeren Liegezeiten im Erdboden. Nach wenigen Jahren sind sie verrottet und unbrauchbar.

**Wahrheit:** Die meisten Landminen und Blindgänger überstehen viele Jahre im Boden, ohne dass ihre Gefährlichkeit abnimmt. Moderne Minen bestehen vielfach aus Kunststoff und sind vollständig wasserdicht.

**Behauptung:** Wenn man einen Stolperdraht durchschneidet, dann geht von der Mine, der Sprengfalle oder dem IED keine Gefahr mehr aus.

**Wahrheit:** Vielfach reagieren die Zünder der mit Stolperdraht aktivierten Munition auf Zug und Nachlassen des Zuges. Dies kann man durch Federn und einem weiteren Draht einstellen. Daher sollte man das Entschärfen einer Munition mit angebrachtem Stolperdraht den Spezialisten der Kampfmittelabwehr überlassen.

**Behauptung:** Blindgänger sind im Gelände nicht zu übersehen und stellen somit keine Gefahr dar. Man kann sie vorsichtig aufnehmen und beiseite legen.

**Wahrheit:** Man sollte sich niemals einem Blindgänger, einer Mine oder auch zurückgelassener Munition annähern, sie berühren oder aufnehmen. Auch wenn diese Munition schon einmal berührt oder aufgenommen wurde, kann sie bei der nächsten Berührung oder Veränderung ihrer Lage explodieren. Munition ist unberechenbar und kann irgendwann, auch bei einer leichten Berührung, auslösen.

**Behauptung:** Abbrennen eines Gebietes bringt alle dort befindlichen Kampfmittel und Minen zur Explosion. Danach ist das Gebiet sicher.

**Wahrheit:** Gerade Dorfbewohner behaupten oft, dass diese Methode funktioniert und sie so ihre Bereiche um das Dorf sicher gemacht haben. Starke Hitze kann Munition zur Detonation bringen, aber zumeist erreichen die Flammen die im Erdboden eingedrungene und so geschützte Munition nicht.

**Behauptung:** Zurückgelassene Munition ist ungefährlich, weil sie nicht für einen Verschuss oder Einsatz scharf gemacht wurde.

**Wahrheit:** Zurückgelassene Munition ist oft in einem nicht bekannten Zustand. Es ist somit nicht bekannt, ob die Munition manipuliert wurde. Hitze, Sonneneinstrahlung und auch extreme Kälte und vor allem längere Liegezeiten machen Explosivstoffe instabil. Bei sorglosem Umgang kann diese Munition auslösen – auch wenn sie noch verpackt ist.

**Behauptung:** Viehherden auf einem Feld machen das Gebiet minen- und kampfmittelfrei.

**Wahrheit:** Manchmal wird diese Methode von Dorfbewohnern angewandt, um ein Gebiet von Minen und Kampfmitteln zu räumen. Diese Methode ist aber nicht sicher. Einige Munition mag durch das Vieh zur Explosion gebracht werden, aber noch lange nicht alles. Auch fehlt hier eine nachvollziehbare Zertifizierung nach der Räumung.

**Nicht verschossene zurückgelassene Munition – nicht ungefährlich**

**Behauptung:** Wenn man weiß, dass eine Straße in den letzten sechs Monaten sicher befahren werden konnte, dann kann man davon ausgehen, dass hier kein Risiko mehr besteht.

**Wahrheit:** Minen und Submunition können jederzeit durch die Nutzung der Straße wieder an die Oberfläche bewegt werden. Fließendes Wasser (Starkregen) spült Minen und Kleinbomben aus benachbarten unsicheren Gebieten auf die Straße.

**Behauptung:** Minen sind immer in einem vorhersehbaren Muster verlegt, um eine möglichst dichte Sperre zu erzeugen.

**Wahrheit:** Während konventionelle Streitkräfte durchaus Minen in Mustern verlegen, ist dies nicht allgemeingültig. Viele Minenfelder sind ohne erkennbares Muster verlegt und die Lage der Minen ist nicht vorhersagbar. Vielfach ist es auch nicht möglich, die genaue Ausdehnung eines Minenfeldes zu bestimmen. Witterung (Wegschwemmen) kann das Minenfeld in den Ausmaßen verändern bzw. irreguläre Truppen können Minen aufnehmen und an anderer Stelle wieder ablegen.

**Geländewagen nach Auslösen einer Panzermine**

# 3 SICHERHEITSHINWEISE FÜR GRUPPEN

Es ist für Gruppen, die in minen-, kampfmittel- oder IED-belasteten Gebieten arbeiten oder durch dieses Gebiet reisen, wie zivile Hilfsorganisationen oder auch militärische Einheiten, sehr wichtig, die Bedrohung durch diese Munition sehr ernst zu nehmen. Bei der Planung und Ausführung von Projekten, die für die Mitglieder ein Risiko darstellen, ist immer von der am größten anzunehmenden Gefahr auszugehen – dies schließt natürlich auch örtliche Partner des Projektes ein. Solche Arbeit muss zur Einrichtung und Durchführung von effektiven Sicherheitsmaßnahmen, wie passendem Training, geeigneter Ausrüstung und zur Gewinnung aktueller Informationen führen. Wenn durch die Sicherheitsmaßnahmen auch nur ein Unfall mit Munition verhindert wird, dann waren die Maßnahmen bereits erfolgreich.

Sicherheitsmaßnahmen können als eine Erweiterung von bereits existierenden Sicherheitsprozeduren angesehen werden, die laufend verbessert werden, je länger ein Konflikt oder eine Bedrohung anhält. Diese Sicherheitsmaßnahmen sollen praktikabel sein und müssen der Beurteilung einer örtlichen Bedrohung angemessen sein. Dies kann beinhalten:

- Sammeln von detaillierten Informationen über die Minen-, Blindgänger- und IED-Lage im Operationsgebiet. Diese Informationen sind so oft wie möglich auf den neuesten Stand zu bringen. Wenn möglich sind Minen- oder EOD[1]-Karten zu nutzen.
- Entwickeln von Sicherheitsmaßnahmen, die unter Nutzung dieses Handbuches auf die aktuelle Minen-, Kampfmittel- und IED-Lage im Operationsgebiet übertragen werden. Wichtig ist dabei vor allem ein Fahrzeug- und Reise-Bericht-System, in dem alle

1 Explosive Ordnance Disposal – Kampfmittelbeseitigung. Diese Kartenwerke werden aus der Datenbank des Information Management System Mine Action - IMSMA (Informationssystem für Minenräumung), erhältlich beim örtlichen Mine Action Centre, erstellt. Sie werden in etwa monatlich auf den aktuellen Stand gebracht.

erreichbaren Informationen genutzt werden. Dazu gehört auch die Nutzung von Meldekarten, wie im Anhang 1 beschrieben.

- Pflege, Aktualisierung und Verifizierung von Kontakten zu den örtlichen Institutionen, die sich mit Minen- und Kampfmittelräumung beschäftigen. Dies können unter anderem sein:
  - United Nations Security Officers
  - lokale Polizeidienststellen
  - Beobachter- oder Trainingsmissionen (z. B. Organisation für Sicherheit und Zusammenarbeit in Europa – OSZE)
  - Medizinische Einrichtungen
  - nationale und multinationale EOD-Einsatzleitstellen (National Point of Contact EOD – NPOC EOD und Multinational EOD Coordination Cell – MN EOD CC) der Friedensstiftenden, Beobachtungs- oder Trainingsmissionen, die unter den verschiedenen militärischen Kommandos der Bündnissysteme (z. B. North Atlantic Treaty Organization – NATO) oder unter Obhut der UN stehen
- Nachfrage in der IMSMA-Datenbank im Nationalen Mine Action Centre.
- Die Minen-, Kampfmittel- und IED-Lage muss der Gruppe/Organisation jederzeit zugänglich sein, inklusive aller Informationen über sichere Routen und gefährliche Gebiete in dem Operationsgebiet. Ebenfalls sollten alle Notrufmöglichkeiten (Funk, Telefon, Mobiltelefon) auf dem aktuellen Stand und verfügbar sein.
- Alle Personen, die bei ihrer täglichen Arbeit einem erhöhten Risiko ausgesetzt sind, sollen regelmäßig ein Sicherheitstraining über das Verhalten in minen- und kampfmittelbelasteten Gebieten erhalten und die Sicherheitsmaßnahmen für den Aufenthalt in diesen Gebieten kennen (dies schließt Fahrer, Dolmetscher und Wachen mit ein).

- Es ist zu beachten, dass die Aufmerksamkeit gegenüber Minen und Kampfmittel im Laufe der Zeit nachlässt. Daher sind Auffrischungslehrgänge in regelmäßigen Abständen notwendig.

**ACHTUNG!**

**Jederzeit sollte man wissen, wie man auf schnellstem Wege bei einem Unfall mit Minen oder Kampfmitteln oder bei einem IED-Anschlag Hilfe herbeirufen kann.**

- Es ist sicherzustellen, dass alle Mitglieder der Gruppe/Organisation einen „Erste-Hilfe-Lehrgang“ absolvieren. Der Schwerpunkt des Lehrgangs sollte auf der Erstbehandlung von schweren (Trauma-)Verletzungen bei Explosionen und Verkehrsunfällen liegen.
- Alle Fahrzeuge sind mit „Erste-Hilfe-“ und „Trauma-Kits“ auszustatten.
- Alle Fahrzeuge und auch die Mitglieder der Gruppe/Organisation sind mit leistungsfähigen Funkgeräten oder Mobiltelefonen, GPS-Empfängern und Kartenwerken über die Region auszustatten.

**Brücken sind anschlagsgefährdete Ziele**

In Gebieten mit hohem Risiko, auch gegenüber Anschlägen, sollten nur speziell geschützte Fahrzeuge genutzt werden. Eine Zusammenstellung über mögliche Maßnahmen zur Erhöhung des Schutzes enthält der Anhang 2.

# 4 SICHERHEITSHINWEISE FÜR EINZELREISENDE

Gute Informationen, gute Ausbildung und vor allem Respekt vor Minen, Blindgängern, zurückgelassener Munition und IEDs sind bei einer Reise durch ein gefährliches Gebiet oberstes Gebot. Welche Punkte dazu gehören, zeigen die folgenden Unterkapitel.

## 4.1 GRUNDLEGENDE SICHERHEITSHINWEISE

- Niemals Minen, Blindgänger, zurückgelassene Munition oder IEDs berühren und wenn möglich sich auch nicht annähern.
- Vor einer Reise alle Informationen über gefährliche Gebiete auswerten.
- Niemals gefährliche Gebiete betreten, niemals militärische Einrichtungen oder Ausrüstung erkunden.
- Niemals unbekannte Gegenstände berühren oder aufnehmen. Fundstellen sind zu meiden.
- Niemals Minen, Blindgänger, zurückgelassene Munition oder IEDs oder andere aufgefundene militärische Ausrüstung als Souvenir betrachten und mitnehmen.
- Nichts berühren, was unbekannt ist oder ungewöhnlich aussieht oder an ungewöhnlichen oder unüblichen Stellen aufgefunden wird.
- Offizielle und inoffizielle Warntafeln vor Minen oder Kampfmitteln sind zu beachten.

- Jederzeit auf Hinweise achten, die auf eine potenzielle Gefahr hindeuten könnten.
- Sämtliche Sicherheitsinformationen oder Informationen über gefährliche Gebiete an andere Personen weitergeben.

**ACHTUNG!**

Berühren Sie keine unbekannten Gegenstände. Machen Sie ggf. ein Foto und informieren Sie die offiziellen Stellen (Polizeibehörde, EOD-Leitstellen oder andere Institutionen). Sammeln Sie keine Souvenirs ein! Niemals Minentafeln entfernen!

- Andere Personen, möglichst auch offizielle Stellen, vom geplanten Reiseverlauf informieren.

## 4.2 VORBEREITET SEIN

### 4.2.1 Sicherheitstraining über Minen, Kampfmittel und IEDs und Erste-Hilfe-Training

Vor einer Reise sind ein Sicherheitstraining über Minen, Kampfmittel und IEDs sowie ein erweiterter Erste-Hilfe-Kurs äußerst ratsam. Dieser sollte auf die Sicherheitslage in dem entsprechenden Land abgestimmt sein.

Abschluss des EOD-Trainings im Süd-Sudan

### 4.2.2 Informationen über die Sicherheitslage einholen

Halten Sie Kontakt mit dem Mine Action Centre und anderen Institutionen[2], die mit der Minen- und Kampfmittellage vertraut sind. Aktualisieren Sie Ihre Notfall-Unterlagen und Kontakte regelmäßig, spätestens vor Beginn der Reise.

### 4.2.3 Erste-Hilfe-Ausrüstung

Vergewissern Sie sich, dass in Ihrem Fahrzeug eine Erste-Hilfe-Ausrüstung vorhanden ist. Kontrollieren Sie die Verfallsdaten, die Vollständigkeit und die Brauchbarkeit der einzelnen Gegenstände. Prüfen Sie, ob Sie mit allen Gegenständen sicher umgehen können.

### 4.2.4 Kommunikation

Reisen Sie nie ohne Funkgerät oder Mobiltelefon und kontrollieren Sie, ob diese Geräte einsatzbereit und Sie in der Bedienung sicher sind. Informieren Sie sich über zusätzliche (Notfall-)Frequenzen und (Notfall-)Telefonnummern der Institutionen[2].

### 4.2.5 Minenkarten

Verschiedene Räumorganisationen[3], das Geneva International Centre for Humanitarian Demining (GICHD) und auch die verschiedenen militärischen und zivilen Einrichtungen in einem minen- oder kampfmittelbelasteten Land können Karten über die Minen- und Kampfmittellage oder andere gefährliche Gebiete bereitstellen. Soweit möglich nutzen Sie Karten mit den bestmöglichen Informationen über Routen, die als minen- und/oder kampfmittelfrei gelten. Aktualisieren Sie Ihre Karten durch Informationen aus der lokalen Bevölkerung, Polizeistationen und offiziellen Einrichtungen und befolgen Sie die Warnungen.

---

2 Siehe Kapitel III 3.

3 Z. B. HALO-Trust, Mine Dog Centre und Tauber

## 4.3 ABSCHÄTZEN DES ÖRTLICHEN RISIKOS

Versuchen Sie, jedwede Informationen über die Minen- und Kampfmittelsituation vor Ort zu bekommen, bevor Sie in ein minen- oder kampfmittelbelastetes Gebiet fahren. Prüfen Sie, ob eine IED-Bedrohung vorliegt. Informieren Sie sich über Form, Farbe und Vorhandensein von offiziellen oder inoffiziellen Minenwarntafeln. Wenn möglich kontaktieren Sie die unter Kapitel III Abschnitt 3 aufgeführten Institutionen.

> **ACHTUNG!**
>
> Halten Sie sich fern von verlassenen militärischen Einrichtungen!

Fragen Sie die örtliche Bevölkerung nach zusätzlichen Informationen. Fragen Sie Männer und Frauen und vor allem Kinder. Jede Gruppe hat eine andere Sichtweise zu der örtlichen Bedrohung, da sie anderen täglichen Beschäftigungen nachgehen. Den-

Informationen aus der IMSMA-Datenbank

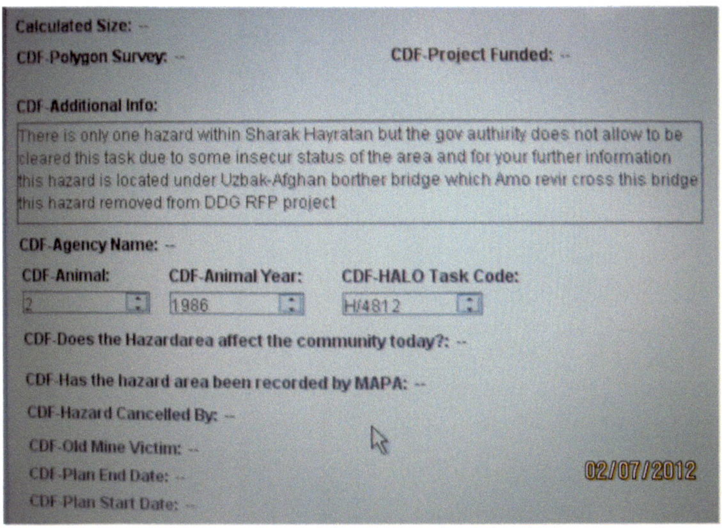

Calculated Size: --
CDF-Polygon Survey: --
CDF-Project Funded: --
CDF-Additional Info:
There is only one hazard within Sharak Hayratan but the gov authirity does not allow to be cleared this task due to some insecur status of the area and for your further information this hazard is located under Uzbak-Afghan borther bridge which Amo revir cross this bridge this hazard removed from DDG RFP project
CDF-Agency Name: --
CDF-Animal: 2
CDF-Animal Year: 1986
CDF-HALO Task Code: H/4812
CDF-Does the Hazardarea affect the community today?: --
CDF-Has the hazard area been recorded by MAPA: --
CDF-Hazard Cancelled By: --
CDF-Old Mine Victim: --
CDF-Plan End Date: --
CDF-Plan Start Date: --
02/07/2012

ken Sie daran, dass eine in die belasteten Gebiete zurückkehrende Bevölkerung ggf. nicht oder nicht ausreichend über die Bedrohung mit Munition informiert ist.

Kräfte von Hilfsorganisationen und Reporter trauen in der Regel ihren lokalen Arbeitskräften, den Fahrern und Dolmetschern, wenn sie in gefährliche Gebiete gehen oder fahren. Auch stellen Kräfte von Hilfsorganisationen und Reporter keine Fragen über eine mögliche Bedrohung, weil jeder sich irgendwie gut fühlt und keiner die Sicherheitsmaßnahmen übertreiben möchte. Man ist eben „cool".

**ACHTUNG!**

**Sind Sie informiert? Obwohl die lokale Bevölkerung normalerweise eine der besten Quellen für eine Risikoabschätzung in minen- und kampfmittelbelasteten Gebieten darstellt, kommen gerade in diesen Gebieten sehr viele Unfälle mit Munition vor. Im Laufe der Zeit stumpft die Bevölkerung ab und der Sinn für die Gefahr geht verloren. Wenn Sie täglich durch minen- und kampfmittelbelastetes Gebiet fahren ohne dabei einen Unfall zu haben, dann bekommen Sie mit der Zeit einen falschen Eindruck von der tatsächlichen Bedrohung.**

Denken Sie daran: In minen- und kampfmittelbelasteten Gebieten geht Sicherheit über alles. Nehmen Sie Sicherheitshinweise ernst und achten sie darauf, dass Ihre Partner dies auch tun!

Wenn Sie in Gebiete mit einem hohen Risiko für Leib und Leben reisen, richten Sie an die zivilen und militärischen Organisationen und die örtliche Bevölkerung die nachfolgenden Fragen, um Ihr Bild über die Bedrohung möglichst gut zu vervollständigen:

- Gab es in diesem Gebiet Unfälle mit Minen oder Blindgängern, bei denen Personen, Fahrzeuge oder Tiere involviert waren? Was war der Grund für diesen Unfall (Minen, Blindgänger, zurückgelassene Munition, Sprengfallen oder IEDs)? Wo und wann ist es passiert?
- Wo vermuten Sie Minen oder Kampfmittel?

- Gab es Kämpfe in dieser Gegend und wo?
- Haben Sie Soldaten in dieser Gegend gesehen?
- Gab es Explosionen in diesem Gebiet und wo?
- Wo verlaufen sichere Straßen und Wege?
- Gibt es Straßen, Wege, Kreuzungen, Felder, Quellen oder Häuser, die aus Sicherheitsgründen nicht betreten werden?
- Wo waren oder sind verlassene militärische Lager, die gemieden werden?
- Wurden gefährliche Bereiche mit Warnschildern versehen und wie sehen diese Warnschilder aus?

Die örtliche Bevölkerung unterscheidet vielfach nicht zwischen Minen und anderen Kampfmitteln. Sie kennen vielleicht den Unterschied zwischen Bomben und Minen. Versuchen Sie festzustellen, was die Bevölkerung mit dem Begriff „Mine“ oder „Bombe“ exakt meint. Dies hat einen großen Einfluss auf die tatsächliche Bedrohung. Ein mit Minen oder Kleinbomben oder Bomblets kontaminiertes Gebiet stellt eine größere Gefahr dar als ein Gebiet, in dem zurückgelassene Munition vermutet wird. Trotzdem sollte im Zweifel die größtmögliche Gefahr angenommen und das Gebiet gemieden werden. Wenn auch nur ein Hinweis auf eine mögliche Bedrohung durch Munition vorhanden ist, sollten Sie den Bereich meiden.

Wenn Sie Hinweise auf Minen, Kampfmittel oder andere Munition bekommen, dann geben Sie diese an die entsprechenden Institutionen weiter, damit diese in deren Unterlagen eingearbeitet werden können.

Und vergessen Sie nicht, andere Personen über Ihre Reiseroute zu informieren – egal, ob es sich um eine private oder eine berufliche Fahrt handelt.

**ACHTUNG!**

**Mine Action Centres**

In vielen Ländern, die durch Minen oder Blindgänger belastet sind, haben die Vereinten Nationen und auch nichtstaatliche Organisationen ein Mine Action Centre – MAC eingerichtet. Diese Zentren sind die örtlichen Ansprechpartner für die Koordination der Räumarbeiten, für die Beschilderung von kontaminierten Flächen, für die Unterrichtung der Bevölkerung und für die Betreuung von Minen- sowie Kampfmittelopfern.

Diese Zentren werden in der Regel von Zivilisten der jeweiligen Landesregierung betrieben. Hilfs- und Entwicklungsorganisationen unterstützen vielfach mit Mitteln und Personal. Sie sind in der Regel nicht in die Aufgaben des Militärs oder der Polizei eingebunden, die sich auch mit der Bekämpfung des Terrorismus und der Beseitigung von IEDs beschäftigen.

**Erkundigen Sie sich vor der Reise nach Minen- und Kampfmittelfeldern**

## 4.4 ÜBERPRÜFEN SIE IHR VERSTÄNDNIS FÜR DIE BEDROHUNG

- Gehen Sie nicht in Gebiete, in denen Minen oder Blindgänger vermutet werden oder sich befinden. Nutzen Sie nur offiziell geräumte Straßen.
- Berühren Sie keine Minen, nicht explodierte oder zurückgelassene Munition oder IEDs.
- Halten Sie Sicherheitsabstand. Gehen Sie nicht in ehemalige militärische Einrichtungen und berühren Sie keine militärischen Ausrüstungsgegenstände.
- Nähern Sie sich nicht an verlassene Munitionsstapel, Waffen oder Gegenstände an, die irgendwie fehl am Platze scheinen. Diese Dinge könnten mit Sprengfallen versehen sein. In Krisen- oder Kriegsgebieten ist es oft besser, alle verlassenen Bereiche als gefährlich anzusehen. Zur genaueren Überprüfung müssen immer Spezialisten der Kampfmittelabwehr hinzugezogen werden.
- Vorsicht, wenn Kabel zu sehen sind, die zu verlassenen Waffen oder Munitionsstapeln führen.
- Zurückgelassene Waffen können geladen und in einem instabilen Zustand sein. Sie sollten diese Waffen nicht näher erkunden.
- Keine Gegenstände aufnehmen, es sei denn, man hat sie selbst hingelegt.
- Man sollte Ansprechpartner kennen, denen man Beobachtungen über verdächtige Gegenstände oder Hinweise auf mögliche gefährliche Gebiete mitteilen kann.
- In der Nähe von Minen- oder Kampfmittelfeldern sollte man extrem vorsichtig sein, ob die Ausdehnung dieser Gebiete durch offizielle oder inoffizielle Warntafeln markiert ist oder nicht. Minen oder Kampfmittel können durch Witterung oder Personen bewegt worden sein. Bei der Erkundung von (ehemaligen) Mi-

nenfeldern kann es sein, dass kleinere gefährliche Bereiche übersehen worden sind.

- Wenn Sie in der Nähe von Minen- oder Kampfmittelräumorganisationen sind, respektieren Sie die Gefahrenbereiche um die zu räumenden Flächen. Betreten Sie die abgesperrten Bereiche nicht, außer Sie werden dazu aufgefordert. Folgen Sie den Sicherheitshinweisen vor Ort.
- Funkgeräte und Mobiltelefone können elektrische Sprengkapseln, RC-IEDs und Munition mit elektronischen Zündsystemen auslösen. Daher sollten Sie Funkgeräte und Mobiltelefone ausschalten, wenn Sie sich näher als 50 Meter an Blindgängern, Sprengfallen oder IEDs befinden.
- Falls Sie Bauarbeiten, vor allem Tief- oder Straßenbau in gefährlichen Gebieten betreiben wollen, dann achten Sie besonders auf jegliche Art von unbekannten Gegenständen, die Sie freilegen. Wenden Sie keine rohe Gewalt beim Graben an, holen Sie sich Spezialisten der Kampfmittelabwehr zu einer Absuche der zu bearbeitenden Fläche. Falls Sie auf unbekannte Gegenstände stoßen, unterbrechen Sie die Arbeiten sofort, warnen alle Personen in der unmittelbaren Nähe und informieren Sie die örtlichen Behörden. Bewegen sie niemals Minen, Blindgänger oder unbekannte Gegenstände.
- Wenn Sie planen, in einem ehemaligen Kampfgebiet ein Haus zu bauen oder ein vorhandenes in Besitz zu nehmen, überprüfen Sie, dass die unmittelbare Umgebung frei von Minen, Kampfmitteln, Munitionsstapeln oder Waffen ist. Der längere Aufenthalt in der Nähe von Waffen- oder Munitionsdepots sowie anderen risikobehafteten Einrichtungen ist immer mit Gefahr verbunden. Sollten diese Einrichtungen noch vom Militär oder anderen Sicherheitskräften genutzt werden, können diese auch Ziel eines Anschlages werden.

### 4.4.1 Reisen in einem Fahrzeug

- Informieren Sie Ihr Büro über Datum, Uhrzeit und die geplante Fahrtroute. Dies geht am besten mit einer sogenannten Route-Card. Ein Beispiel für die wichtigsten Angaben auf einer solchen Karte und einer Ausfüllanweisung ist im Anhang 1 zu finden. Wenn Sie Ihre Route kurzfristig ändern, informieren Sie Ihr Büro. Wenn Sie keine Verbindung bekommen, ist es besser, erst einmal zu warten oder die Änderung der Route zu verschieben. Denken Sie daran, dass Sie zu bestimmten Zeiten an bestimmten Orten erwartet werden. Treffen Sie dort nicht ein, wird Ihre Organisation nach Ihnen suchen.
- Wenn immer möglich, reisen Sie in Begleitung. Falls Sie die ausgewählte Route nicht kennen, wäre es von Vorteil, wenn Ihr Begleiter ortskundig wäre.
- Fahren Sie diszipliniert und vorausschauend. Bei Kolonnenfahrten halten Sie Reihenfolge und Abstände ein.
- Bei Gebieten mit einer IED-Bedrohung nutzen Sie konsequent elektronische Gegenmaßnahmen und seien Sie bereit jederzeit plötzlich anhalten zu müssen.
- Bei längeren Fahrten planen Sie Abfahrtszeiten in den Morgenstunden. Planen Sie Zeitverluste durch örtlichen Verkehr und Verzögerungen ein.

**ACHTUNG!**

Nutzen Sie Ihren Verstand. Im Zweifel ist es besser, ein Gebiet zu umfahren. Bevor Sie in ein ehemaliges Kampfgebiet fahren, nehmen Sie Kontakt mit örtlichen Autoritäten auf und lassen die Informationen über Minen- und Kampfmittellage prüfen.

Fahren Sie niemals von der befestigten Straße auf den Randstreifen herunter.

Bei Fahrten auf unbefestigten Straßen nutzen Sie unbedingt die ausgefahrenen Spuren.

Seien Sie vorsichtig bei jeder Art von Hindernissen auf Straßen und Wegen.

- Fahren Sie nur auf häufig befahrenen Straßen und auf dem befestigten Bereich.
- Meiden Sie als gefährlich eingestufte Straßen, vor allem nach heftigen Regenfällen und Schneeschmelze. Tiefe überflutete Schlaglöcher sind zu umfahren, da möglicherweise Minen in die Löcher geschwemmt wurden.
- Reisen Sie nicht in der Nacht. Planen Sie, spätestens zwei Stunden vor Sonnenuntergang am Zielort zu sein. Dies erlaubt auch Ihrem Büro noch zwei Stunden Reaktionszeit, falls Sie sich nicht rechtzeitig am Zielort melden. Auch sind die meisten Minenwarntafeln und Hinweise auf Minen oder Kampfmittel bei Dunkelheit nicht zu erkennen.
- Wenn immer möglich, fahren Sie nur auf befestigten Straßen, vor allem, wenn die Reise länger dauert. Sie ermüden weniger schnell und es ist auch schwieriger, in befestigte Straßen Minen und IEDs einzubauen. Trotzdem, Schlaglöcher und auch der Straßenrand bieten sich für das Einbringen von Minen und IEDs an. Daher noch einmal, Schlaglöcher sollten umfahren werden, ein Verlassen der Straße ist zu vermeiden.
- Auch zum Wenden sollte die Straße nicht verlassen werden!
- Haben Sie eine Reifenpanne oder einen anderen Schaden am Fahrzeug, fahren Sie nicht von der befestigten Straße herunter. Versuchen Sie eine Ausweiche oder eine Kreuzung zu erreichen um dort den Schaden zu beheben.
- Auf unbefestigten Straßen sollten Sie die ausgefahrenen Spuren, am besten die LKW-Spur, benutzen. Hier ist die Gefahr durch eine Mine oder einen Blindgänger am geringsten.
- Vorsicht bei Hindernissen auf der Straße oder dem Pfad. Ein Hindernis kann den Zweck haben, Sie von der sicheren Fahrspur in ein Minenfeld zu locken. Wenn möglich, setzen Sie zurück, wenden (auf der Straße) und nutzen eine andere Route.

- Niemals die sichere Straße verlassen, um andere Fahrzeuge passieren oder überholen zu lassen. Wenn nötig, setzen Sie zurück bis zu einer sicheren Ausweiche oder Kreuzung.
- Bestimmen Sie Überwachungsbereiche für alle Passagiere im Fahrzeug.
- Halten Sie nach Zielmarkierungen und ungewöhnlichen Zeichen auf dem Boden Ausschau. Auffällige Tücher, die in Bäumen befestigt sind, ein Steinhaufen mit einem auffällig angemalten Stock in der Mitte oder eine Markierung auf dem Straßenbelag können Hinweise für einen IED-Anschlag sein.
- Seien Sie besonders aufmerksam an anschlagssensiblen Punkten, wie Engstellen, Brücken und Kreuzungen. Diese Punkte sind besonders für IED-Anschläge geeignet.
- Fahren Sie niemals über Objekte, die auf der Straße liegen. Eine Papiertüte, ein Stück Stoff oder ein Brett kann als Tarnung über einer Mine, Sprengfalle oder IED liegen.

**Müssen Sie unbedingt hier entlangfahren?**

- Auch für Toilettengänge die Straße nicht verlassen, ggf. mit mehreren Autos einen Bereich als behelfsmäßige Toilette auf der befestigten Straße abschirmen.
- Meiden Sie Routen oder Gebiete, die bereits Ziel eines IED-Anschlages waren.
- Eine gut befahrene Straße kann bei Tage einigermaßen sicher sein. Während der Nachtstunden kann dies ganz anders aussehen. Viele Dörfer werden abends von den Bewohnern aus Eigenschutz vermint.
- Schnallen Sie sich im Auto jederzeit an. Die Schockwelle eines IEDs oder einer Mine schleudert Passagiere im Auto herum. Schwere Kopf- bzw. Nackenverletzungen bis hin zum Genickbruch sind dann häufige Todesursachen. In anderen Fällen können leichte Fahrzeuge durch die Druckwelle meterweit weggeschleudert werden und überschlagen sich dabei. Auch hier sind Schulterbrüche und innere Verletzungen nicht selten, die durch einfaches Anschnallen im Fahrzeug vermieden werden können.
- Vor jedem Halt schauen Sie nach Schächten, Löchern oder Grabestellen auf oder direkt neben der Straße. Niemals das Fahrzeug auf oder direkt neben solchen Stellen parken. Bei jedem Halt (geplant oder ungeplant) einen 5/25 m-Check durchführen. Dieser ist im Anhang 3 beschrieben.
- Vergewissern Sie sich, dass Ihr Fahrer ein Minen-Sicherheitstraining für Fahrer absolviert hat.

### 4.4.2 Reisen zu Fuß

- Lassen Sie sich durch einen ortskundigen Führer begleiten. Halten Sie von Mitglied zu Mitglied in der Gruppe einen Mindestabstand von 5 m. Ideal wäre ein Abstand bis zu 25 m.
- Niemals über zugewachsene Pfade oder Flächen gehen. Nutzen Sie häufig begangene Wege.

- Nehmen Sie jederzeit Kommunikationsmittel und eine Erste-Hilfe-Ausrüstung mit. Lassen Sie diese Teile niemals in Ihrem Fahrzeug zurück. Diese Ausrüstung sollte von jemandem getragen werden, der sich in der Mitte oder im hinteren Drittel der Gruppe aufhält und nicht durch den Führer an der Spitze.
- Niemals Hindernisse vom Weg herunterziehen, sie könnten vermint, mit Sprengfallen versehen oder ein IED sein.
- Gehen Sie nicht in verlassene Gebäude, laufen unter Brücken oder besuchen einsam gelegene Orte. Sprechen Sie mit der örtlichen Bevölkerung, um sichere Bereiche in der Umgebung zu finden.
- Weisen Sie Angebote, sich eine Mine, einen Blindgänger oder ein IED anzusehen, zurück.
- Berühren oder bewegen Sie keine Ihnen unbekannten Gegenstände. Sammeln Sie keine Kriegs-Souvenirs auf und halten Sie Abstand von (verlassenen) militärischen Anlagen oder Fahrzeugen.

**Ein Stein? Dies ist ein Flugabwehrgeschoss in Kaliber 20 mm**

- Legen Sie Beobachtungsbereiche innerhalb der Gruppe fest.
- Halten Sie nach Zielmarkierungen, wie Tücher in Bäumen, Steinhaufen oder sonstigen Markierungen Ausschau. Dies könnte auf einen IED-Anschlag hindeuten.
- Spezielle Aufmerksamkeit ist bei anschlagsgefährdeten Punkten gegeben. Engstellen in Pässen, weit einsehbare Pfade oder auch verschlungene Straßen in Ortschaften sind ideal für einen Anschlag, vor allem gegen ortsunkundige Gruppen. Halten Sie Abstand unter den Gruppenmitgliedern. Einzelziele sind nicht attraktiv für einen Anschlag.
- Niemals über Schächte, Schlaglöcher und Bereiche gehen, an denen gegraben wurde.
- Befolgen Sie diese Sicherheitshinweise bei dienstlichen Reisen und privaten Ausflügen.
- Informieren Sie andere aus Ihrer Organisation über Ihren Reise- oder Ausflugsplan.
- Bei allem – viel Glück!

# NOTFALLVERFAHREN

# IV

1 SICHERE RÜCKKEHR AUS EINEM MINEN- ODER KAMPFMITTELKONTAMINIERTEN GEBIET

1.1 NOTFALLVERFAHREN, FALLS SIE IN EIN GEFÄHRLICHES GEBIET HINEINGELAUFEN SIND

1.1.1 KENNZEICHNEN UND MELDEN

1.1.2 ZURÜCKVERFOLGEN DER EIGENEN FUSSSTAPFEN

1.1.3 PRODDING (STOCHERN NACH GEGENSTÄNDEN)

1.2 NOTFALLVERFAHREN BEI NUTZUNG EINES FAHRZEUGES

1.2.1 ZURÜCKFAHREN IN DEN EIGENEN SPUREN

2 NOTFALLMAßNAHMEN BEI EINEM IED-ANSCHLAG

2.1 AUFFINDEN EINES IED

2.2 EXPLOSION EINES IED

# NOTFALLVERFAHREN

## 1 SICHERE RÜCKKEHR AUS EINEM MINEN- ODER KAMPFMITTEL-KONTAMINIERTEN GEBIET

Wenn Sie sich plötzlich in einem minen- oder kampfmittelkontaminiertem Gebiet wiederfinden (wo Sie hoffentlich nicht willentlich hineingelaufen sind): „Nichts anfassen" und „Nicht an unbekannte Gegenstände oder Munition annähern" sind schon die wichtigsten Grundlagen für eine sichere Rückkehr. Wenn Sie einen Blindgänger sehen, oder sich einem Gebiet nähern, in dem Munition weggeworfen wurde, dann muss dies nicht unbedingt ein Minenfeld sein. Erst einmal wird man diesen Bereich als ein ehemaliges Kampfgebiet einschätzen.

In diesen Gebieten können Blindgänger wie Bomblets und andere Submunition auf dem Erdboden liegend, in Bäumen hängend und an vielen anderen Stellen vorgefunden werden. Diese Gebiete sind nicht weniger gefährlich als ein Minenfeld und viele der nachfolgenden Ratschläge sind für beide Bereiche gleich. Der beste Ratschlag ist, solche Gebiete zu meiden. Berichten Sie aber Ihre Beobachtungen dem örtlichen Mine Action Centre oder anderen offiziellen Stellen wie bereits in den vorherigen Kapiteln beschrieben.

Wenn Sie eine Mine, einen Blindgänger, ein IED oder entsprechende Hinweise darauf entdecken (z. B. Krater, Munitionsreste oder die Munition selbst), dann sollten Sie für sich selbst erst einmal annehmen, dass sie sich in einem gefährlichen Gebiet aufhalten. Falls Sie sich auf einer befestigten Straße oder einem sicheren Pfad befinden, ist die Bedrohung erst einmal nicht besonders hoch. Als Nicht-Spezialist können Sie aber naturgemäß sehr wenig ausrichten. Die Kenntnisse und Fähigkeiten, die Sie benötigen würden, um mit dieser Munition umzugehen, sie z. B. zu entschärfen, können nicht in wenigen Stunden vermittelt werden.

Der folgende Abschnitt vermittelt einige einfache Notfallverfahren für eine sichere Rückkehr aus einem minen- oder kampfmittelbelasteten Gebiet – mehr nicht.

## 1.1 NOTFALLVERFAHREN, FALLS SIE IN EIN GEFÄHRLICHES GEBIET HINEINGELAUFEN SIND

Es gibt drei grundlegende Möglichkeiten, mit denen Sie feststellen, dass Sie sich in einem minen- oder kampfmittelkontaminierten Gebiet befinden. Entweder gibt es eine Explosion, weil Sie die Munition ausgelöst haben, Sie sehen die Mine bzw. das Kampfmittel vor sich oder Sie sehen entsprechende Warntafeln. Falls jemand durch eine Explosion verletzt wurde, ist der größte Fehler, panisch zu dem Verletzten zu laufen. Eigenschutz für Sie und Ihre Begleiter geht erst

Ein angerostetes Geschoss ist nicht leicht zu erkennen

einmal vor. Falls Sie sich in einem Minenfeld befinden, ist besonnenes und ruhiges Handeln sehr wichtig. Befolgen Sie auf jeden Fall die folgenden Regeln:

- Bleiben Sie sofort stehen und bewegen Sie sich nicht von der Stelle. Keine Bewegungen mit den Füßen machen.
- Warnen Sie alle Personen Ihrer Gruppe. Rufen Sie um Hilfe, aber bitten Sie alle Umherstehenden, nicht zu Ihnen zu kommen, sondern kompetente Hilfe zu kontaktieren.
- Betrachten Sie Ihre unmittelbare Umgebung. Was können Sie sehen: Minen, Stolperdrähte oder Warntafeln? Suchen Sie nach einem sicheren Platz, z. B. die letzte Stelle, an der Sie sicher sein konnten, dass sie nicht vermint war oder eine befestigte Straße, blanker Felsen, ein häufig begangener Pfad, eine Stahl- oder Betonstruktur.
- Denken Sie Ihre nächsten Schritte sorgfältig durch, bevor Sie sich bewegen. Unterdrücken Sie Ihre Panik.
- Falls Sie keine Möglichkeit für eine selbständige sichere Rückkehr sehen, dann bleiben Sie auf der Stelle stehen und warten Sie auf externe Hilfe.

Auf externe Hilfe zu warten scheint in der ersten Überlegung nicht gerade eine hilfreiche Möglichkeit zu sein, aber wenn Sie die Hinweise aus den vorhergehenden Kapiteln über Reisen und Ausflüge beherzigt haben, dann ist es nur eine Frage der Zeit, bis qualifiziertes Personal zu Ihrer Rettung vor Ort ist. Die Alternative dazu wird schwere Verwundung oder Ihr Tod sein.

Seien Sie vorsichtig, wenn „Nicht"-Spezialisten der Kampfmittelabwehr Ihnen Hilfe anbieten. Diese Leute sind vielfach nicht in der Lage, die Tragweite der Situation zu überblicken oder überschätzen sich in ihren Fähigkeiten und Kenntnissen. Manchmal gehen Leute auch nicht akzeptable Risiken ein, um verwundete Personen zu retten.

### 1.1.1 Kennzeichnen und Melden

Wenn Sie an einer Mine oder einem Blindgänger vorbeikommen, sollten Sie die Position an das örtliche Mine Action Centre oder an offizielle Stellen weitermelden. Offizielle Stellen können Polizeistationen, Bürgermeister, militärische Kommandos oder die nächste zivile oder militärische Räumorganisation sein.

In einigen Ländern laufen Programme der UN, um die Bevölkerung im Kennzeichnen von verminten Gebieten zu unterweisen. In einigen Fällen ist es aber zu gefährlich, eine Kennzeichnung anzubringen, da es nicht ersichtlich ist, ob sich hier weitere Minen befinden oder wie groß die Ausdehnung des Minenfeldes tatsächlich ist. Auch kann es zu Missverständnissen kommen, wenn nicht so einfach zu erkennen ist, in welcher Entfernung und in welchem Winkel die Mine oder das Kampfmittel zu der Kennzeichnung liegt.

Das Markieren eines gefährlichen Bereiches erfordert viel Erfahrung

Daher einige Hinweise für eine Kennzeichnung:

- Niemals eine sichere befestigte Straße oder einen sicheren Pfad verlassen, um eine Kennzeichnung anzubringen.
- Die Kennzeichnung muss sichtbar und auch für die Bevölkerung (vor allem Kinder) als Warnung erkennbar sein. Sie müssen daher genau wissen, wie in diesem Landstrich Minen, Minenfelder sowie Kampfmittel und Kampfmittelfelder gekennzeichnet werden.
- Die Kennzeichnung muss auf der sicheren Seite des Feldes angebracht werden, niemals die Warnung im Feld anbringen; Sie können beim Einschlagen eines Pfahls auf Munition treffen.
- Niemals Einzelminen oder Blindgänger kennzeichnen, die Ausdehnung des Feldes kann größer sein als von Ihnen angenommen.
- Melden Sie die vorgenommene Markierung mit Position und ggf. Angabe der aufgefundenen Munition an das lokale Mine Action Centre oder an offizielle Stellen.

**ACHTUNG!**

**Aktualisieren Sie vor jeder Reise/jedem Ausflug Ihre Liste mit Notfallfrequenzen und Telefonnummern. Machen Sie sich mit dem Meldeschema für Minen und Kampfmittel vertraut:**

**Was, wo, wann? Wie viele Opfer?**

## 1.1.2 Zurückverfolgen der eigenen Fußstapfen

Das Zurückverfolgen der eigenen Fußstapfen ist eine Methode, ein Minen- oder Kampfmittelfeld zu verlassen, indem man genau den Weg zurückgeht, den man auf dem Hinweg genutzt hat, aber eben exakt in den Fußstapfen. Diese Methode ist nicht unbedingt eine sichere Methode, um ein unsicheres Gebiet zu verlassen. Es ist weitgehend nicht möglich, genau die Fußstapfen zu finden, vor allem wenn sie nicht so deutlich zu erkennen sind, es sei denn, es liegt

Schnee oder man befindet sich im zähen Schlamm. Auch wenn man seine Fußabdrücke genau erkennen kann, ist es extrem gefährlich. Man muss rückwärts gehen, man kann das Gleichgewicht verlieren, ein Hindernis übersehen und stürzen. Auch können dicht über dem Erdboden gespannte Stolperdrähte übersehen werden.

In einigen Gebieten dieser Erde ist es aber ggf. nicht sicher oder praktikabel, auf Hilfe zu warten. Um auf eine solche Situation vorbereitet zu sein, sollten Sie die Methode außerhalb eines Minenfeldes üben, am besten unter Anleitung von Spezialisten der Kampfmittelabwehr oder des örtlichen Mine Action Centre.

### 1.1.3 Prodding (Stochern nach Gegenständen)

Das Stochern nach (gefährlichen) Gegenständen im Erdboden ist eine andere Methode, ein gefährliches Gebiet zu verlassen. Hier versucht man, mit einem spitzen Gegenstand eine Mine oder ein Kampfmittel im Boden zu lokalisieren. Als spitze Gegenstände bieten sich längere Messer oder längere Stangen mit kleinem Durchmesser an. Das Prodding ist eine sehr schwierige, langwierige und gefährliche Methode, die von erfahrenem Kampfmittelabwehrpersonal angewandt wird. Sie erfordert längeres Üben und sehr viel Geduld. Das Prodding muss sehr vorsichtig und gewissenhaft durchgeführt werden. Es erfordert sehr viel Wissen und Erfahrung über das Detektieren von Munition im Erdboden, Kenntnisse über die ggf. zu findende Munition und eine einigermaßen nutzbare Ausrüstung. Prodding sollten Sie nur anwenden, wenn Sie ein professionelles und zertifiziertes Training absolviert haben. Auch ist es eine Notfallmaßnahme, die nur dann genutzt werden sollte, wenn andere Optionen nicht mehr zur Verfügung stehen, z. B.:

- Sie befinden sich in einem minen- oder kampfmittelbelasteten Gebiet und es ist in nächster Zeit keine Hilfe verfügbar.
- Sie befinden sich unter direktem Beschuss.

- Sie oder eine andere Person ist ernsthaft verletzt und es besteht keine andere Möglichkeit sofort Hilfe zu bekommen.

Solche Situationen sind zwar nicht gänzlich unwahrscheinlich, sollten aber bei guter Vorbereitung einer Reise nicht vorkommen.

## 1.2 NOTFALLVERFAHREN BEI NUTZUNG EINES FAHRZEUGES

Falls Sie annehmen, mit dem Fahrzeug in ein minen- oder kampfmittelbelastetes Gebiet hineingefahren zu sein, eine Mine oder ein Blindgänger bereits unter einem anderen Fahrzeug detoniert ist, Sie entsprechende Warntafeln bzw. andere Hinweise auf eine Gefährdung sehen oder Ihr eigenes Fahrzeug eine Mine oder einen Blindgänger ausgelöst hat, dann sollten Sie die folgenden Schritte unternehmen:

- Stoppen Sie unverzüglich das Fahrzeug. Versuchen Sie nicht, rückwärts aus dem unsicheren Gebiet herauszufahren. Bewegen Sie nicht das Lenkrad. Bleiben Sie ruhig und bleiben Sie im Fahrzeug, falls dies möglich ist.
- Informieren und warnen Sie Mitreisende und andere Fahrzeuge. Rufen Sie um Hilfe, aber bitten Sie alle Personen in Ihrer Nähe, nicht zu Ihnen zu kommen. Nutzen Sie zur Warnung die Autohupe.
- Betrachten Sie Ihre unmittelbare Umgebung. Was können Sie sehen: Minen, Stolperdrähte oder Warntafeln? Suchen Sie nach einem sicheren Platz, z. B. die letzte Stelle, an der Sie sicher sein konnten, dass sie nicht vermint war, z. B. eine befestigte Straße.
- Denken Sie Ihre nächsten Schritte sorgfältig durch, bevor Sie sich bewegen. Unterdrücken Sie Ihre Panik.
- Falls Sie keine Möglichkeit für eine selbständige sichere Rückkehr sehen, dann bleiben Sie auf der Stelle stehen und warten auf externe Hilfe.

Wenn ein Fahrzeug eine Mine oder einen Blindgänger auslöst, dann ist die erste Reaktion eines Überlebenden, das Fahrzeug auf dem schnellsten Weg zu verlassen. Was auch immer passiert, wenn das Fahrzeug nicht brennt oder eine andere lebensbedrohliche Gefahr besteht, bleiben Sie erst einmal in dem Fahrzeug. Hier sind Sie vorerst sicher. Es ist sehr wahrscheinlich, dass sich in unmittelbarer Umgebung Ihres Fahrzeuges weitere Minen, ggf. auch Anti-Personen-Minen oder weitere Blindgänger befinden. Wenn es möglich ist, versorgen Sie zunächst die Verletzten in Ihrem Fahrzeug.

Und ganz wichtig: Bleiben Sie ruhig!

Falls Sie die Methode der Route Cards nutzen, kann es sich nur um eine absehbare Zeit handeln, bis professionelle Hilfe zu Ihnen stoßen wird. Auch wenn Sie keine Hilfe per Funk oder Telefon herbeirufen können, weil Sie sich außerhalb der Reichweite Ihrer Gegensta-

**Eigensicherung geht vor Bergung von Verletzten**

tion befinden oder weil Ihre Ausrüstung beschädigt ist, wird man doch Hilfe schicken, wenn Sie sich nicht wie mittels der Route Card festgelegt melden.

Falls Sie das Fahrzeug verlassen müssen, z. B. weil es in Brand geraten ist, sollten Sie die Fahrzeugspuren für einen möglichen Weg aus der Gefahrenzone nutzen. Sie müssen das Fahrzeug über die Heckklappe oder den Kofferraum verlassen und dann direkt vom Auto in die Fahrspuren treten. Steigen Sie nicht durch die Fahrer- oder Beifahrertüren aus. Gehen Sie in den Fahrzeugspuren weiter, bis Sie eine sichere befestigte Straße oder einen sicheren Weg erreicht haben. Wenn sich mehrere Personen im Fahrzeug befinden, dann soll bei dem Verlassen ein Mindestabstand von 5 m zwischen den Personen eingehalten werden.

Passen Sie auf Stolperdrähte auf. Fahrzeugreifen drücken die Stolperdrähte nur einen kurzen Weg zum Erdboden herunter, so dass Minen und Sprengfallen nicht auslösen. Beim Zurückgehen in den Fahrzeugspuren könnten Sie jedoch den Stolperdraht ziehen.

Lassen Sie das Fahrzeug von einem erfahrenen Spezialisten aus dem unsicheren Gelände herausfahren. Falls das nicht möglich ist, lassen Sie das Fahrzeug zurück.

Wenn Sie das unsichere Gebiet verlassen haben, melden Sie den Vorfall an die zuständigen Dienststellen.

### 1.2.1 Zurückfahren in den eigenen Spuren

Durch das exakte Zurückfahren in den eigenen Spuren kann man ein Fahrzeug aus einem minen- oder kampfmittelbelasteten Gebiet herausfahren. Diese Methode ist sehr riskant, wenn Sie nicht in der Lage sind, das Fahrzeug präzise zu lenken oder die Spuren nicht sehr deutlich zu sehen sind. Es funktioniert nicht, wenn Hindernisse auf dem Weg zurück sind oder wenn Sie einen platten Reifen haben.

# 2 NOTFALLMAẞNAHMEN BEI EINEM IED-ANSCHLAG

IED-Anschläge können überall stattfinden, aber manchmal kann man vorher Hinweise auf einen Anschlag entdecken. Falls Sie ein IED auf Ihrer Reise sehen, z. B. an einem anschlagsgefährdeten Punkt, oder falls Sie in einen Anschlag hineingeraten, ist es wichtig, ruhig und besonnen zu reagieren.

## 2.1 AUFFINDEN EINES IED

IEDs können durch das Opfer selbst oder eine Fernsteuerung ausgelöst werden. Ein opferausgelöstes IED führt zu den gleichen Maßnahmen, die Sie auch anwenden, wenn Sie sich in einem Minenfeld befinden. Hier wird das IED entweder über einen Stolperdraht, eine Druckplatte oder eine Schützenabwehrmine ausgelöst. IEDs mit Fernsteuerung benötigen eine Sichtlinie zwischen dem Beobachter und dem IED sowie eine Zielmarkierung. Wenn möglich, versuchen Sie aus der Sichtlinie herauszukommen und nehmen Sie Deckung. In beiden Fällen beachten Sie die folgenden fünf Schritte, auf Englisch die 5 C's:

Confirm (Vergewissern): Berühren Sie das IED nicht. Behalten Sie sich Form, Größe und Farbe in der Erinnerung (oder machen Sie ein Foto mit einer Digitalkamera, NICHT mit einem Mobiltelefon![1]), markieren Sie den Fundort (wenn möglich) und gehen Sie auf dem Weg zurück, den Sie gekommen sind. Vorsicht vor Stolperdrähten, Druckplatten und Schützenabwehrminen.

Clear the area (Gefährdeten Bereich räumen): Evakuieren Sie aus dem gefährdeten Bereich alle Personen. Nutzen Sie zur Abschät-

1 Die Art der Auslösung könnte per Funk oder mit Hilfe einer elektrischen Sprengkapsel erfolgen. Radiowellen, die von einem Mobilfunktelefon ausgesendet werden, sind in der Lage, eine elektrische Sprengkapsel zur Detonation zu bringen.

zung die Tabelle aus Anhang 5 oder mindestens einen Radius von 300 m.[2]

Call (Anrufen): Informieren Sie aus sicherer Entfernung (keine Mobilfunk- und Funkgerätenutzung in unmittelbarer Nähe zum IED, Abstand mindestens 50 m) die zuständigen Stellen von Ihrem Fund. In der Regel sind dies Polizeistationen, Bürgermeister, militärisches Personal oder die nächstgelegene Räumorganisation. Nutzen Sie als Hilfsmittel die Tabelle aus dem Anhang 6, den sogenannten 9 Liner-Report.

Cordon (Absichern): Verhindern Sie, dass Fahrzeuge und Personen in das gefährdete Gebiet eindringen. Schaulustige dürften ein ernstes Problem werden.

**Überreste einer Autobombe (VBIED), gibt es Anzeichen für ein zweites IED?**

2 Dabei ist es wichtig, die Ausmaße des IED zu kennen. Es gibt sogenannte Daisy-IEDs, dabei werden mehrere IEDs als Kette verbunden. Eine solche Kette aus mehreren IEDs wird sehr oft an Straßen angewandt, um bei einem Konvoi mehr als ein Fahrzeug zu treffen. Eine solche IED-Kette kann 150 m oder länger sein.

**ACHTUNG!**

Ferngesteuerte IEDs (Command activated IEDs): Hier wird das IED aus einer sicheren Position von einem Beobachter (Triggerman) ausgelöst. Es wird eine gute Sichtverbindung zum IED, möglichst aus einer leicht erhöhten Position benötigt, die dem Beobachter gute Deckung bietet. Das können Fenster in den oberen Stockwerken eines Hauses sein oder auch Höhenrippen. In vielen Fällen wird auch Wert auf eine gedeckte Rückzugsmöglichkeit für den Triggerman gelegt. Die Fernsteuerung kann per Draht oder Funk ausgelöst werden. Seltenere Möglichkeiten sind: per Gewehrschuss (oft angewandt in Nordirland) oder auch per Blitzlicht.

Opferausgelöste IEDs (Victim activated IEDs): Das Opfer löst das IED per Druckplatte, Stolperdraht oder Schützenabwehrmine aus. Auch Lichtschranken, Induktionsschleifen (Steuerung einer Verkehrsampel) oder andere elektronische Hilfsmittel sind möglich. Wenn bestimmte Fahrzeuge ein solches IED auslösen sollen, dann besteht auch die Möglichkeit, zwei Druckplatten in Reihe zu schalten, so dass beide Achsen zur gleichen Zeit den Stromkreis schließen. Das bedingt, dass der Achsabstand des Fahrzeugs bekannt sein muss. Eine Kombination zwischen einem Command activated IED und einem Victim activated IED ist möglich, wenn eine Fernsteuerung zum Schärfen des IED genutzt wird.

Control (Verantwortung übernehmen): Übernehmen Sie die Verantwortung für die Absicherung und teilen Sie Personal zu Ihrer Hilfe ein. Organisieren Sie wenn möglich Rettungskräfte und Feuerwehr.

Es ist sehr wichtig, auf den Eigenschutz zu achten. Dies wird gerade in Situationen, in denen man die Verantwortung übernommen hat, leicht vergessen. Beobachten Sie das Verhalten der Bevölkerung. Seien Sie nach einer Explosion weiterhin vorsichtig, es könnte sich zum einen ein weiteres IED in der Nähe befinden[3], zum anderen

3 Mit einem zweiten IED (Secondary IED) versucht man gerade die zum Anschlagsort eilenden Rettungskräfte zu treffen. Deswegen sollten Sie nach einem Anschlag ruhig und besonnen reagieren und vor allem die Umgebung sehr sorgfältig beobachten. Führen Sie bei der Annäherung an den Anschlagsort unbedingt einen 5/25 m Check (siehe Anhang 3) durch.

werden IEDs auch als erste Angriffsphase bei einem komplexen Angriff genutzt. In diesem Fall nutzt man das Überraschungsmoment aus, um mit dem IED mögliche Wachen auszuschalten (IED als Türöffner – Door Opener) und dann mit weiteren Kräften in einen abgesicherten Bereich vorzudringen. Dabei können im Verlauf des Angriffs weitere IEDs gezündet werden.

## 2.2 EXPLOSION EINES IED

Im Falle einer unbekannten oder IED-Explosion ist es sehr wichtig, sich selbst in Sicherheit zu bringen. Weitere versteckte IEDs wie auch Gefahren von dem angesprengten Fahrzeug, Gebäude oder der Anlage können wichtige Bedrohungen sein. Brände, weitere Explosionen, Austreten giftiger und ätzender Dämpfe sowie Flüssigkeiten sind Gefahren, mit denen Sie jederzeit rechnen müssen. Hinzu kommen von Gebäuden herabstürzende Trümmerteile und vor allem Glasscherben von geborstenen Fenstern. Daher ist es wichtig, sich mit Hilfe eines 5/25 m Checks ein sicheres Umfeld zu schaffen. Anschließend führen Sie die Maßnahmen wie unter 4.2.1 (die fünf C's) durch. Laufen Sie auf keinem Fall zum Explosionsort. Berühren Sie keine Teile, die vom IED stammen könnten. Informieren Sie die offiziellen Stellen von Ihrem Fund. Der Fund könnte für die Täterermittlung sehr wichtig sein.

# VERHALTENSREGELN NACH EINEM UNFALL BZW. ANSCHLAG MIT MINEN, KAMPFMITTELN ODER IEDS

# V

1 RICHTIG HANDELN – AUCH ALS ZEUGE

## 1.1 BERGUNG NACH EINER EXPLOSION

## 1.2 ERSTE HILFE LEISTEN

# VERHALTENSREGELN NACH EINEM UNFALL BZW. ANSCHLAG MIT MINEN, KAMPFMITTELN ODER IEDS

## 1 RICHTIG HANDELN – AUCH ALS ZEUGE

Falls Sie Zeuge eines Unfalls mit Minen oder Kampfmitteln bzw. eines Anschlags mit Minen, Kampfmitteln oder IEDs werden, sollten Sie, wenn möglich, den Opfern zu Hilfe kommen. Dieses Handeln hat in erster Linie aus einem sicheren Umfeld zu erfolgen.

Das Kapitel zeigt Ihnen Möglichkeiten auf, grundlegende Maßnahmen zu ergreifen, wenn Sie Zeuge eines Unfalls oder Anschlags werden und keine professionellen Rettungskräfte zur Verfügung stehen. Dieses Kapitel ersetzt keinen Erste-Hilfe-Lehrgang und ist auch nicht für Profis aus dem Bereich der Rettungsmedizin gedacht. Es soll einfache Möglichkeiten zur Hilfe darstellen.

Rufen Sie Hilfe herbei

Für den Eigenschutz ist es wichtig, die Bedrohung klar einschätzen zu können und einige Präventivmaßnahmen zu ergreifen. Dazu sollten Sie die bereits beschriebenen Wirkmechanismen von Minen und Kampfmitteln sowie IEDs aus den vorhergehenden Kapiteln kennen. Aber als Grundregel sollten Sie allen Gegenständen misstrauen, die Ihnen verdächtig oder an dem vorgefundenen Ort als ungewöhnlich vorkommen.

Im Fall eines Unfalls sollten Sie wie folgt vorgehen:

- Ruhe bewahren.
- Nicht zu dem Opfer laufen.
- Nicht versuchen, das Opfer zu bergen, wenn es sich in einem vermuteten Minenfeld oder in unsicherem Gelände befindet.
- Sprechen Sie das Opfer an. Warnen Sie es davor, sich in dem Gebiet weiter zu bewegen. Versuchen Sie es anzuleiten, damit es seine Verwundungen selbst versorgt. Sagen Sie ihm, dass Hilfe unterwegs ist.
- Merken Sie sich Uhrzeit und Ort sowie Anzahl der Opfer.
- Rufen Sie Hilfe herbei. Versuchen Sie Rettungskräfte und Minenräum- oder Kampfmittelabwehrkräfte herbeizurufen. Nutzen Sie den 9 Liner (Anhang 6) um keine Angaben zu vergessen.
- Bereiten Sie Ihre persönliche Erste-Hilfe-Ausrüstung vor.
- Warten Sie auf Unterstützung.

## 1.1 BERGUNG NACH EINER EXPLOSION

Denken Sie daran, das Opfer befindet sich in einem unsicheren Gebiet. Es hat bereits eine Explosion gegeben und weitere können folgen.

Hier sind Ihre Möglichkeiten für eine sichere Rettung sehr begrenzt. Das Opfer muss aus dem unsicheren Gebiet durch Minenräum- oder Kampfmittelabwehrkräfte geborgen werden, bevor eine medizinische Hilfe einsetzen kann. In Ihrem Notruf müssen Sie dies den örtlichen Stellen deutlich machen. Geben Sie auch Ihre Telefonnummer, Funknamen und Frequenzen für eventuelle Rückfragen bekannt.

Falls keine schnelle Hilfe durch Minenräum- oder Kampfmittelabwehrkräfte herbeigerufen werden kann und das Opfer möglichst rasch medizinische Hilfe benötigt, hat sich das Prodding (siehe Kapitel 4) als eine brauchbare Möglichkeit erwiesen, um einen sicheren Zugang zum Opfer zu bekommen. Denke Sie daran, dass dies eine langwierige Prozedur ist. Lassen Sie sich nicht ablenken.

Im Fall einer IED-Explosion besteht die Gefahr eines zweiten IED oder auch eines komplexen Angriffs. Daher ist es sehr wichtig, die Umgebung sehr sorgfältig nach Beobachtungsmöglichkeiten (Sichtlinien) und sich schnell bewegenden Fahrzeugen/stürmenden bewaffneten Personen abzusuchen. Nähern Sie sich der Explosion unter Nutzung des 5/25 m Checks (Siehe Anhang 3), bei längeren Strecken führen Sie den Check mehrmals durch und schaffen sich so einen Zugang, der Ihnen auch einen schnellen und sicheren Rückweg erlaubt. Nutzen Sie Deckungen und Sichtschutz aus, um bei Beschuss, weiteren Explosionen und vor der Entdeckung durch feindliche Beobachter geschützt zu sein. Am Explosionsort müssen Sie den 5/25 m Check noch einmal äußerst sorgfältig durchführen, bevor Sie sich um die Opfer kümmern.

Wenn sich der Unfall oder Anschlag am führenden Fahrzeug einer Kolonne ereignet hat und Sie sich direkt dahinter befinden, können Sie den Fahrspuren des ersten Fahrzeugs folgen. Beim Aussteigen aus Ihrem Fahrzeug dürfen Sie auf keinem Fall links oder rechts neben Ihr Fahrzeug treten. Es bleibt daher nichts anderes übrig, als über die Motorhaube zu klettern, um in die Fahrspuren zu kommen. Falls das Fahrzeug durch die Explosion von der Straße geschleudert wurde und Sie es nicht mehr durch Fortbewegen in den Fahrspuren erreichen können, unterlassen Sie weitere Versuche, das Fahrzeug zu erreichen und warten Sie auf die Hilfe von Minenräum- oder Kampfmittelabwehrkräften. In diesem Fall besteht die Möglichkeit, dass sich das Fahrzeug in unsicherem Gebiet befindet. Bei größeren Explosionen kann auch das Prodding nicht mehr empfohlen werden, da durch den Erdauswurf bei der Explosion größere Bereiche überdeckt werden können.

## 1.2 ERSTE HILFE LEISTEN

Wenn die Opfer geborgen wurden und sich auf sicherem Gebiet befinden, aber medizinische Rettungskräfte in absehbarer Zeit nicht zur Verfügung stehen, müssen Sie Sofortmaßnahmen der Ersten Hilfe übernehmen. Dabei sollten Sie so gut helfen, wie Sie können und wie Sie es auf den Erste-Hilfe-Lehrgängen gelernt haben.

Folgen Sie dabei den folgenden Schritten in der Reihenfolge von 1.) bis 3.) und bedenken Sie, dass das Opfer ggf. Wirbelsäulenverletzungen haben könnte, die bei Explosionen nicht unüblich sind. Fixieren Sie dabei wenn möglich den Kopf[1]:

| | | |
|---|---|---|
| 1.) | Blutkreislauf | Stoppen der Blutung |
| 2.) | Atemwege | Sorgen Sie für freie Atemwege |
| 3.) | Atmung | Spenden Sie ggf. Atemluft und geben Sie Herzmassagen |

Untersuchen Sie das Opfer auf Blutungen. Die wichtigste und vorbeugende Maßnahme, um den Tod des Opfers zu verhindern, ist das Stoppen aller größeren Blutungen. Wirken Sie direkt auf die Blutung ein, nutzen Sie am besten einen Druckverband oder ein Tourniquet oder andere blutstillende Mittel. Das Abbinden von Extremitäten ist eine sehr effektive, aber zeitlich begrenzte Maßnahme. Sie können so jedoch gut sechs Stunden Zeit gewinnen. Setzen Sie schmerzstillende Mittel ein, denn das Abbinden ist auf Dauer sehr schmerzhaft, ggf. sogar schmerzhafter als die eigentliche Verwundung. Es ist sehr wichtig, dass Sie den Zeitpunkt des Abbindens festhalten. Schreiben Sie es am besten mit einem wasserfesten Stift auf die Stirn des Opfers. Ein Tourniquet kann für gut

1 Die folgenden Hinweise sind Auszüge aus dem Handbuch des „Explosive-Trauma-Bag"-Lehrgangs in den Vereinten Nationen, erstellt und gelehrt vom Department of Safety and Security. Der Lehrgang ist Pflicht für alle UN-Mitglieder, die sich in Ländern mit Bedrohung durch Minen, Kampfmittel oder IEDs aufhalten.

sechs Stunden den Arm oder das Bein abbinden, im Einzelfall auch bis zu 16 Stunden. Wichtig: Das Lösen des Tourniquets darf nur unter zusätzlicher medizinischer Kontrolle erfolgen[2].

Wenn kein Tourniquet vorhanden ist oder die Art der Verwundung das Anlegen des Tourniquets nicht erlaubt, öffnen Sie die Kleidung, um die Wunde freizulegen. Drücken Sie die Arterie ab, in der Leiste für Beinverletzungen und in der Achsel bei Arm- oder Handverletzungen. Nutzen Sie jegliche Art von Bandagen, die Sie haben. Für einen Druckverband drücken Sie das Verbandszeug tief in die Wunde. Wenn die Blutung nicht aufhört, nutzen Sie mehr Verbandszeug und unterstützen Sie durch Abdrücken.

Prüfen Sie die Atemwege auf Hindernisse. Ist das Opfer bewusstlos, neigen Sie den Kopf nach hinten und heben das Kinn an. Bei mehreren

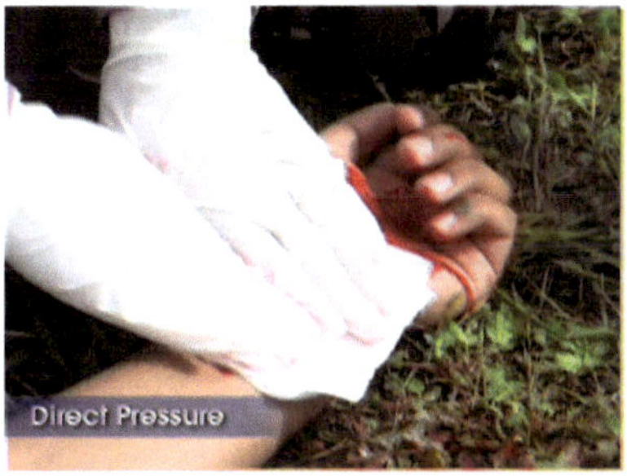


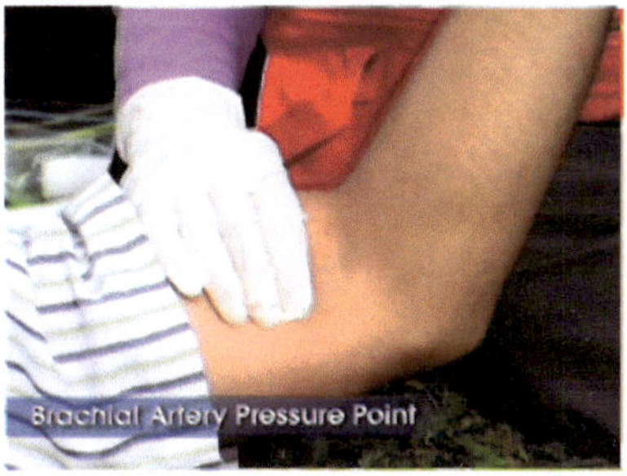


**Erste Priorität: Stillen der Blutung**

**Prüfen und Unterstützen Sie die Atmung, Vorsicht vor Wirbelsäulenverletzungen**

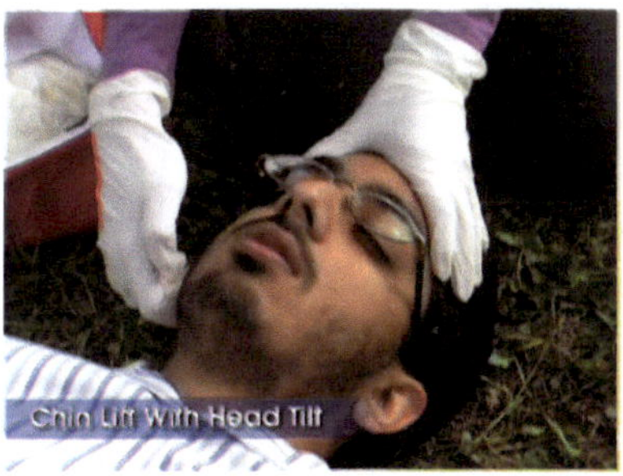


2 Neitzel/Ladehof, Taktische Medizin, 2. Auflage 2014, Springer-Verlag

Opfern und nur wenigen Helfern setzen Sie einen Rachen-Tubus ein, falls im Erste-Hilfe-Set vorhanden.

Schauen, horchen und fühlen Sie für etwa zehn Sekunden auf die Atmung. Überprüfen Sie Atemfrequenz, Atemtiefe und achten Sie auf Nebengeräusche. Prüfen Sie, ob sich beide Seiten der Brust gleichmäßig heben und senken.

Beurteilen Sie, wie weit das Opfer ansprechbar ist. Es gibt vier unterschiedliche Stufen:

- **Lebhaft und orientiert:** Das Opfer gibt klare Informationen zu seiner Person, dem Datum, Ort und Vorfall.
- **Ansprechbar:** Das Opfer reagiert auf verbale Kommandos wie „Öffnen Sie die Augen“ oder „Bewegen Sie einen Finger“.
- **Schmerz:** Das Opfer reagiert auf Kneifen des Ohrläppchens oder Reiben an der Wange.
- **Nicht ansprechbar:** Das Opfer antwortet weder auf verbale noch auf Schmerzreize.

Beurteilen Sie die Möglichkeit einer Wirbelsäulenverletzung. Fragen Sie den Verletzten, wo er Schmerzen hat und ob er Hände und Füße bewegen kann. Wenn möglich, legen Sie eine Halskrause an.

Menschen mit niedriger Körpertemperatur haben eine schlechtere Blutgerinnung. Schützen Sie den Verletzten vor Wind, Regen und Kälte. Halten Sie ihn ruhig und warm, aber setzen Sie ihn nicht ungeschützt der Sonneneinstrahlung aus. Schützen Sie den Verletzten mit einer Rettungsdecke. Versuchen Sie, den Verletzten in eine für ihn bequeme und schmerzarme Lage zu positionieren. Machen Sie es ihm so angenehm wie möglich und lockern Sie seine Kleidung. Sprechen Sie zu ihm und erklären Sie ihm, was Sie gerade tun und dass Hilfe auf dem Weg ist.

Kontrollieren Sie seine lebenswichtigen Körperfunktionen in regelmäßigen Abständen.

Lassen Sie den Verletzten kleine Mengen von warmem Wasser oder anderen nicht alkoholischen Getränken trinken, um eine Austrocknung zu verhindern. Allerdings muss der Verletzte dazu ansprechbar und die Atemwege müssen frei sein.

Wenn Sie den Verletzten zu einem Fahrzeug bringen können, transportieren Sie ihn auf schnellstem Wege zu einer medizinischen Einrichtung. Nutzen Sie die im Moment beste Transportmöglichkeit und hinterlassen Sie am Vorfallsort eine Nachricht, wie Sie zu erreichen sind, falls sich schnellere Transportmöglichkeiten (Hubschrauber) ergeben.

Überprüfen Sie während des Transportes in regelmäßigen Abständen die vitalen Funktionen. Prüfen Sie auch, ob der Verletzte weitere oder erneute Blutungen hat. Wenn nötig üben Sie manuell Druck auf die Wundauflagen aus.

# ANHÄNGE

# VI

ANHANG 1:

DIE NUTZUNG EINER ROUTE CARD

ANHANG 2:

SCHUTZ DES FAHRZEUGES

ANHANG 3:

DER 5/25 M CHECK

ANHANG 4:

WEITERE BEDROHUNGEN

ANHANG 5:

SCHUTZABSTÄNDE

ANHANG 6:

9 LINER

ANHANG 7:

BEGRIFFSBESTIMMUNGEN

ANHANG 8:

ABKÜRZUNGSVERZEICHNIS

ANHANG 9:

WEITERGEHENDE INFORMATIONEN

# ANHANG 1: DIE NUTZUNG EINER ROUTE CARD

## 1.1 FAHRZEUGBEWEGUNGEN NACHVOLLZIEHEN

Der strikte Gebrauch von Route Cards ist eine sehr effektive Möglichkeit Fahrzeugbewegungen der eigenen Organisation nachzuvollziehen. Dies ist sinnvoll, wenn sich ein oder mehrere Fahrzeuge nicht vom abgesprochenen (Zwischen-)Zielort oder zu abgesprochenen Zeiten melden. In diesem Fall muss davon ausgegangen werden, dass ein unvorhergesehenes Ereignis, z. B. ein Unfall stattgefunden hat.

Route Cards sollten von allen Mitgliedern der Organisation bei jeder Fahrt in unsicheres Gebiet ausgefüllt und einem Verantwortlichen im Stab oder Hauptquartier übergeben werden.

Die verantwortliche Person quittiert den Empfang der Route Card und legt sie in einem dafür vorbereiteten Ordner ab oder hängt sie an ein Informationsbrett. Diese Ablagen sollten mehrfach pro Tag durchgesehen werden.

Weiterhin sollten auf einer Tafel in einer Leitstelle alle wichtigen Fahrzeug- und Reiseinformationen sichtbar eingetragen werden. Die verantwortliche Person prüft die verabredeten Meldeorte und -zeiten und informiert Vorgesetzte, falls die Meldungen nicht eingehalten werden.

Die reisende Person muss an jedem abgesprochenen (Zwischen-)Zielort bzw. zur abgesprochenen Zeit ihre Meldung absetzen. Bei Verspätungen sind die Gründe und die neuen Ankunftszeiten anzugeben.

Nach Beendigung der Reise muss die Route Card von der reisenden Person abgezeichnet werden. Die Karte wird dann vom Informationsbrett entfernt bzw. im Ordner neu einsortiert. Auch sollten besondere Informationen über Hindernisse, Straßensperren, ungewöhnliches Verhalten der Bevölkerung und auch Minen, Blindgänger, zurückgelassene Munition sowie IEDs gemeldet und in einer speziellen Tabelle mit Orts- und Zeitangabe vermerkt werden. Diese Angaben sind dem örtlichen Mine Action Centre und den verantwortlichen Institutionen mitzuteilen.

## 1.2 DIE ROUTE CARD

Nachfolgend wird ein Beispiel für eine Route Card gezeigt, wie sie bei den Vereinten Nationen genutzt wird.

Als wichtige Informationen sollten bekannt sein:

- die Anzahl der Fahrzeuge,
- Passagiere und
- Reiseverlauf mit Durchlaufzeiten,

sowie für jedes Fahrzeug:

- die Kennzeichen,
- die Rufzeichen und Telefonnummern und
- die Namen der Passagiere.

Die Unterschriften vor Abfahrt und nach der Ankunft sollten nicht vergessen werden.

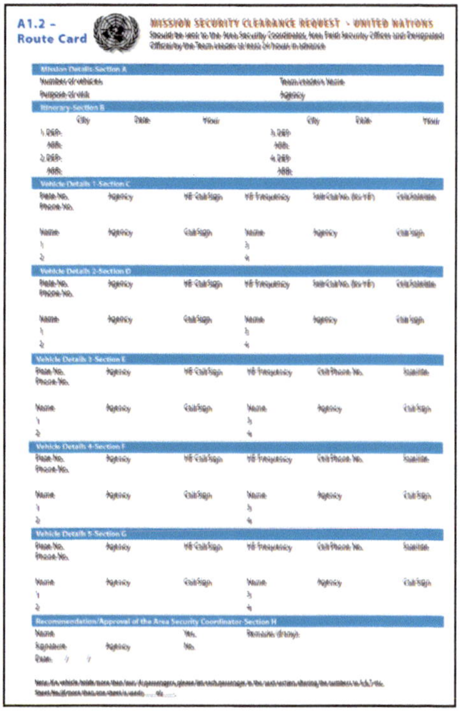

## 1.3 MAßNAHMEN BEI EINER REISE

Die folgenden Angaben wurden von UNICEF übernommen und beziehen sich nicht nur auf die Bedrohung durch Minen, Kampfmittel und IEDs.

### 1.3.1 Vorbereitungen vor einer Reise

Auch in Gebieten, die eigentlich als sicher gelten, ist mit dem Risiko von mechanischen Ausfällen, Unfällen, übliche Kriminalität und Autodiebstahl zu rechnen. Das Risiko kann erheblich verringert werden, wenn man mit anderen Fahrzeugen gemeinsam im Konvoi fährt.

#### 1.3.1.1 Aufgaben des Leiters einer Reisegruppe

Für jede Reise ist ein Verantwortlicher einzuteilen, der die Verwaltung und Absprachen für die Fahrt übernimmt. Er hat die folgenden Aufgaben vor der Reise durchzuführen:

**Innerhalb einer Kolonne kann man sich helfen: Süd-Sudan**

- Vorbereitung einer vollständigen Liste über alle Fahrzeuge, inklusive der Kennzeichen, Namen der Fahrer (und Ablösungen) sowie Position des Fahrzeugs in der Kolonne.
- Im Falle der Nutzung von Elektronischen Gegenmaßnahmen gegen RC-IEDs (Electronic Countermeasures – ECM)[1] sind die Fahrzeuge so zu platzieren, dass sich die Reichweiten der ECM-Geräte überlappen.
- Vorbereitung einer vollständigen Liste aller Personen in der Kolonne.
- Überprüfen Sie, ob Sicherheitsbedenken gegen die Reiseroute bestehen.
- Überprüfen Sie, ob alle Personen mit allen Informationen über den Reiseverlauf, das zu durchquerende Gebiet und die gegenwärtige Situation versorgt wurden. Dies schließt Gelände, Wetter, Rastmöglichkeiten, Kontaktpersonen und die örtliche politische Lage mit ein.
- Sprechen Sie vor der Reise mit den verantwortlichen Stellen über Ihre Absichten und fragen Sie nach den oben angesprochenen Punkten. Nutzen Sie die Kenntnisse der örtlichen Polizei, der zivilen und militärischen Kampfmittelbeseitigungskräfte und anderer Teilnehmer der verschiedenen Missionen.
- Prüfen Sie, welche medizinischen und sicherheitstechnischen Möglichkeiten Sie im Falle eines Unfalls haben. Wo gibt es Krankenhäuser, Ärzte oder zivile bzw. militärische Lager?
- Entscheiden Sie, ob eine Begleitung durch Sicherheitskräfte er-

1 Hier sind hauptsächlich sogenannte Jammer gemeint – Funkstörgeräte, die durch Überlagerung ein gegnerisches Funkkommando stören oder verstümmeln und so verhindern, dass IEDs mit Funkauslösung oder -schärfung zur Detonation gebracht werden können. Nachteilig ist, dass auch die eigene Kommunikation durch einen Jammer stark eingeschränkt oder unmöglich gemacht wird.

forderlich ist. Wenn dies notwendig ist, fordern Sie die Kräfte so früh wie möglich, aber spätestens 48 Stunden vor Reisebeginn an.

- Legen Sie Beobachtungsbereiche für die Mitreisenden in den Fahrzeugen fest.

### 1.3.1.2 Erstellen eines Routenplans

Es ist notwendig, dass so viele Informationen wie möglich vor der Abfahrt zusammengetragen werden:

- Informieren Sie sich über die Straßen- und Wegebeschaffenheit. Fragen Sie Reisende, die diese Route schon einmal in den letzten Tagen gefahren sind.
- Erkundigen Sie sich nach aktuellen Informationen über die Sicherheitslage.
- Unterteilen Sie die Route in Bereiche. Berechnen Sie die Fahr- und Ankunftszeiten für jeden Bereich. Legen Sie Orte für eine Rast fest.
- Machen Sie sich Pläne für mögliche Ausfälle, Unfälle und Verletzungen. Wo gibt es Möglichkeiten rasch Hilfe zu bekommen?
- Kann die Route verkürzt oder abgebrochen werden? Wo gibt es Möglichkeiten Schutz zu finden?
- Reisen Sie nicht in der Dunkelheit. Planen Sie Puffer ein und planen Sie so großzügig, dass Sie auf jeden Fall vor Sonnenuntergang ankommen.
- Prüfen Sie, ob auf der Route Beschränkungen in Masse, Breite oder Höhe der Fahrzeuge bestehen.
- Fragen Sie vor der Abfahrt noch einmal alle Mitreisenden, ob noch Fragen oder Unklarheiten bestehen.

### 1.3.1.3 Kommunikation

Alle Fahrzeuge im Konvoi sollten mit Funkgeräten ausgestattet sein. Möglichst sind Ausweichfrequenzen und unterschiedliche Systeme in der Kolonne zu nutzen, so dass bei Ausfall eines Systems in einer Empfangsstation ein redundantes System zur Verfügung steht. Hier kann z. B. terrestrischer Funk und Satellitenfunk für ein redundantes Kommunikationssystem sorgen.

Vor der Abreise sind die folgenden Maßnahmen durchzuplanen:

- Prüfen Sie die Funkausstattung aller Fahrzeuge und überzeugen Sie sich, dass das erste und das letzte Fahrzeug auf jeden Fall mit kompatiblen Funkgeräten ausgestattet sind.
- Denken Sie daran, dass ECM den Funkbetrieb einschränken kann. Legen Sie zusätzliche Zeichen per Lichthupe, Flaggensatz oder Hand fest.
- Legen Sie die Frequenzen fest.
- Sprechen Sie die Zeiten für Meldungen bei der Basisstation ab.
- Vergewissern Sie sich, dass alle Reisenden die Rufzeichen, Notfall-Telefonnummern und Notfallverfahren kennen, eventuell sollten die Rufzeichen oder Telefonnummern auf einem laminierten Merkblatt ausgegeben werden.
- Überprüfen Sie, ob alle Mitreisenden die im Konvoi genutzten Funkgeräte bedienen können. Weisen Sie sie darauf hin, am Funkgerät und Telefon möglichst langsam und deutlich zu sprechen.
- Die Funkverbindung sollte vor der Abfahrt mit allen Geräten und der Basis-Station überprüft werden. Zu festgelegten Zeiten sollten Sie kurze Berichte über Standort, Zustand (Fahrzeuge, Reisende, Straße und örtliche Lage) abgeben. Wenn Sie Relais-Stationen nutzen müssen, bitten Sie, die Basis-Station zu informieren und lassen Sie sich eine Rückmeldung geben.

#### 1.3.1.4 Verantwortung der Fahrer und Ausrüstung der Fahrzeuge

Bei Kolonnen, bei denen Fahrzeuge der Vereinten Nationen mitfahren, sind mindestens zwei Fahrzeuge nach dem MOSS-Standard[2] auszurüsten. Die darin vorgeschriebene Ausrüstung sollte auch für Sie je nach Reiseland ein Standard sein. Zusätzlich sollten Sie prüfen, ob die Fahrzeuge die folgenden Bedingungen erfüllen:

- Alle Fahrzeuge sind für das zu erwartende Gelände tauglich (All-Terrain, Schnee und Eis?).
- Alle Fahrzeuge sind entsprechend der Organisation mit Flaggen, Logos oder anderen Erkennungssymbolen ausgestattet (falls es die Sicherheitslage erlaubt oder es sogar erwünscht ist).
- Jedes Fahrzeug ist gemäß dem MOSS-Standard und ggf. mit Zusatzausrüstung versehen. Denke Sie an zusätzlichen Wasser- und Treibstoffvorrat, ggf. mehrere Ersatzreifen (Reifendruck prüfen!) und Werkzeug.
- Prüfen Sie den Zustand jedes einzelnen Fahrzeugs, nehmen Sie ggf. Ersatzteile für kleinere Reparaturen mit.
- Prüfen Sie vor der Abfahrt bei jedem Fahrzeug die Füllstände von Treibstoff, Kühlwasser und Öl.
- Benötigen Sie eine Sicherheitsbegleitung, prüfen Sie ggf. auch diese Fahrzeuge.

---

2 MOSS – Minimum Operating Security Standard. Siehe United Nations „Security Management System and Staff Safety in Humanitarian Operations“, University of Stavanger 2011, Anlage 5. Hier ist festgelegt, dass alle Fahrzeuge mindestens mit einer Erste-Hilfe-Ausstattung, Feuerlöscher, Ersatzrad und nötigem Werkzeug, sowie Warndreieck, batteriebetriebener Lampe und Sitzgurten für alle Passagiere ausgestattet sein müssen. Je nach Einsatzland werden weitere Ausrüstungsgegenstände gefordert, z. B. 5 m Abschleppseil, Schaufel, Axt, Flaggensatz, Warnweste, Material zum Entzünden eines Feuers oder auch GPS und Trinkwasservorrat.

Engstellen, Brücken und Furten sind anschlagsgefährdete Ziele

- In Ländern mit terroristischer Bedrohung, kriegs- oder kriegsähnlichen Bedingungen ist es notwendig, für jeden Passagier eine schusssichere Weste und ggf. einen Helm mitzuführen. Die Fenster der Fahrzeuge sollten mit Folie gegen Zersplittern durch Beschuss beklebt werden. Denken Sie an Minenschutz im Fußraum und unter den Sitzen, sowie Kevlar-Einlagen in den Türen.
- Je nach IED-Bedrohung sind die Fahrzeuge mit Jammern auszustatten. Informieren Sie sich über die Art der benötigten Jammer und die Frequenzen, auf die die Jammer abgestimmt werden müssen.

### 1.3.1.5 Briefing vor Fahrtantritt

Es ist wichtig, vor Fahrtantritt alle Mitreisenden über die Situation auf der Reiseroute zu informieren. Folgende Punkte sollten angesprochen werden:

- Jeder sollte vor der Fahrt seine Aufgaben und Verantwortungsbereiche kennen.

- Prüfen Sie, ob die Geschwindigkeit des Konvois den Straßenbedingungen und den Fahrzeugen gegenüber angemessen ist. Denken Sie auch an die Fahrpraxis der Fahrer.
- Definieren Sie Beobachtungsbereiche für jeden Passagier.
- Weisen Sie auf Disziplin beim Fahren hin:
  - Einhalten von Mindestabständen
  - Einhalten der Fahrgeschwindigkeiten
  - Anlegen der Anschnallgute
  - Nutzen der Funkgeräte nur wenn nötig
- Sprechen Sie besondere landestypische Besonderheiten im Straßenverkehr an, z. B. Handzeichen, Verkehrszeichen, Verhalten der Bevölkerung.
- Weisen Sie auf mögliche Risiken hin.
- Weisen Sie auf besondere Maßnahmen hin bei:
  - Verhalten an Kontrollpunkten und Straßenblockaden,
  - Maßnahmen bei einem Ausfall eines Fahrzeuges,
  - Maßnahmen bei einem Unfall,
  - Aufgaben, Verantwortungsbereiche und Maßnahmen bei einem IED-Anschlag, Hinterhalt oder bei Kämpfen.
- Wenn der Konvoi von Sicherheitskräften begleitet wird, müssen die Sicherheitskräfte in gleicher Weise über die oben beschriebenen Maßnahmen informiert werden.

### 1.3.2 Verhalten während der Reise

Straßenverkehr, speziell in fremden Ländern und größeren Städten, kann sehr anspruchsvoll für einen Fahrer werden. Gerade die hinteren Fahrzeuge einer Kolonne haben es schwer, Anschluss zu halten und hier kann die Kolonne schnell abreißen. Daher ist es wichtig, einen guten Überblick zu haben, um schnell auf unvorhergesehene Situationen reagieren zu können.

Um ein sicheres und möglichst ruhiges Fahren in Konvois zu ermöglichen, sollte gelten:

- Diszipliniert fahren.
- Einhalten der Abstände zwischen den Fahrzeugen. Hierbei kann es sich je nach Lage um Mindest- oder Maximalabstände (ECM) handeln.
- Sicherheitsgurte anlegen.

Aus dem Führungsfahrzeug werden während der Fahrt per Funk folgende Informationen weitergegeben:

- Richtung beim Befahren von Kreuzungen
- Beobachtungen von oder bei Hindernissen, Engstellen und anschlagssensiblen Punkten
- Treff- und Ausweichpunkte bei Notfällen wie Anschlägen oder Kämpfen

Das letzte Fahrzeug gibt Informationen durch über:

- Passieren einer Kreuzung, eines Hindernisses, einer Engstelle oder eines anschlagssensiblen Punktes als letztes Fahrzeug.
- Unerwartete Störungen im Konvoi:
  - Fahrzeuge, die sich in die Kolonne hineindrängen
  - Versuche, ein Magnetically Attached-IED (MA-IED) anzubringen
  - Plötzliche Hindernisse und Verzögerungen
- Technische Probleme, wie Fahrzeugausfälle

**ACHTUNG!**

Vor einigen Jahren fuhr in Süd-Angola ein übervollbesetzter Land Cruiser auf eine Anti-Fahrzeugmine. Sieben Personen wurden getötet, weitere sechs Personen wurden verletzt.

Einige Todesfälle hätten verhindert werden können, wenn die Passagiere angeschnallt und das Fahrzeug nicht überladen gewesen wäre. Die Druckwelle der Explosion hatte dazu geführt, dass die Passagiere im Fahrzeugraum und auf der Ladefläche zusammenstießen und dabei schwere innere und Kopfverletzungen, sowie Knochen- und Wirbelbrüche davongetragen hatten.

## ANHANG 2: SCHUTZ DES FAHRZEUGES

Normale Fahrzeuge können der Druckwelle und den Splittern einer Explosion, sei es durch eine Anti-Fahrzeugmine oder durch ein IED, nicht widerstehen. Der beste Ratschlag ist immer noch, sich möglichst weit fernzuhalten von Minen-, Kampfmittel- und IED-belasteten Bereichen sowie möglichst keine Fahrten auf Straßen und Wegen durchzuführen, wo mit diesen explosiven Gefahren zu rechnen ist.

Dieses Grundprinzip kann leider nicht immer durchgehalten werden, auch mag es Gründe geben, wo es geboten ist, ein geschütztes Fahrzeug zu nutzen oder das Fahrzeug so nachzurüsten, dass es den Insassen den möglichst besten Schutz bietet. Hier bietet es sich an, die professionelle Hilfe von Kampfmittelabwehrkräften in Anspruch zu nehmen.

Geschützte Fahrzeuge sind zum Beispiel Fahrzeuge, deren Minenschutz eine spezielle V-förmige Fahrzeugwanne ist. Die V-Form ist in der Lage die Druckwelle abzuleiten, so dass das Fahrzeug zum einen nicht so leicht weggeschleudert wird und zum anderen die Druckwelle nicht frontal auf die Schutzpanzerung einwirkt. Ein Winkel von 45 Grad reduziert die auf den Boden des Fahrzeugs angreifenden Kräfte um gut 30 Prozent.

Einige Maßnahmen zur Härtung eines Fahrzeugs sind:

- Befestigen Sie an den Innenseiten des Fahrzeugs sogenannte Inliner aus Kevlar oder einer anderen Nylon-Keramik-Verbindung. Ggf. tun es auch Schutzwesten oder deren Einlagen.
- Nutzen Sie Überrollbügel im Fahrzeug, dies vermindert Kopf- und Nackenverletzungen, falls bei einem Überschlag das Dach eingedrückt wird.
- Rüsten Sie das Fahrzeug mit Vierfach-Sicherheitsgurten aus.

- Kleben Sie die Fahrzeugscheiben mit einer Sicherheitsfolie ab, die ein Splittern der Scheibe bei Explosionen verhindert. Gerade das Fahrzeugsicherheitsglas kann durch die Druckwelle in sehr kleine Splitter zerfallen, die mit hoher Geschwindigkeit durch den Fahrgastraum fliegen.
- Rüsten Sie alle Fahrzeuge mit Feuerlöschern und Erste-Hilfe-Kästen aus. Diese Ausrüstungsgegenstände gehören nicht auf die Ladefläche oder in den Kofferraum.
- Laden Sie Ihre Ausrüstung nicht in den Fahrgastraum. Verstauen Sie Ihre Ausrüstung im Kofferraum und binden Sie die Ausrüstung fest. Funkgeräte und Feuerlöscher sind im Fahrzeug in verschraubten Halterungen anzubringen. Nutzen Sie Staufächer. Treibstoffkanister sind grundsätzlich außen am Fahrzeug anzubringen.
- Bei Bedarf rüsten Sie das Fahrzeug mit ECM-Geräten aus. Jammer können bei richtiger Frequenzwahl und Nutzung vor RC-IEDs schützen. Aber Sie benötigen hier eine gute Einweisung und müssen die entsprechenden Frequenzen jederzeit aktuell halten.

# ANHANG 3: DER 5/25 M CHECK

Wenn Sie durch ein Gebiet mit IED-Bedrohung fahren und Sie anhalten müssen (gleich aus welchem Grund), dann sollten Sie immer einen 5/25 m Check durchführen. Bei einem kurzen Halt reicht ein 5 m Check um das Fahrzeug herum. Für längere Aufenthalte muss ein Bereich von 25 m rund um das Fahrzeug abgesucht werden.

Bevor Sie anhalten, beobachten Sie aufmerksam die Umgebung. Schauen Sie auf Schächte und Löcher im Boden, Spuren von Grabungsarbeiten und Änderungen in der Farbe des Erdbodens. Nicht nur im Müll am Straßenrand, überall kann ein IED versteckt sein. Schauen Sie auf Dächer, Mauern und andere Fahrzeuge, die am Straßenrand stehen. Versetzen Sie sich in die Lage eines Angreifers. Achten Sie auf Beobachtungsmöglichkeiten Ihrer Position und auf Sichtstrecken bzw. Beobachtungspunkte für einen Triggerman.

Nach dem Anhalten verlassen Sie das Fahrzeug nicht sofort. Beobachten Sie Ihre Umgebung sehr genau und systematisch. Schauen Sie sich die Umgebung um 360 Grad und von unten nach oben an.

Ein harmloses Stück Stoff am Straßenrand, ein IED?

Teilen Sie sich die Umgebung in Bereiche ein und achten Sie noch einmal auf Schächte, Gullydeckel und Löcher, sowie Antennen und Kabel. Halten Sie nicht auf Schächten, Gullydeckeln oder Löchern, diese bieten genug Platz für ein verstecktes IED. Sind Sie mit mehreren Passagieren im Fahrzeug, dann teilen Sie Beobachtungsbereiche ein.

Nun verlassen Sie und die anderen Passagiere das Auto. Der Motor wird nicht abgestellt, um eine möglichst rasche Fluchtmöglichkeit zu haben. Passagiere der linken Seite im Fahrzeug kontrollieren den Bereich auf der linken Seite und Passagiere der rechten Seite im Fahrzeug kontrollieren den rechten Bereich. Arbeiten Sie dabei überlappend und systematisch. Schließen Sie die Türen des Fahrzeugs und kontrollieren Sie dabei auch das Fahrzeug auf Schäden und ggf. MA-IEDs, die unbeobachtet an Ihrem Fahrzeug angebracht sein können. Sehen Sie sich dabei auf jeden Fall auch den Unterboden des Fahrzeugs und das Fahrwerk an. Suchen Sie erst den Nahbereich rund um das Fahrzeug ab. Schauen Sie auch auf die Bevölkerung, werden Sie unauffällig beobachtet? Gibt es Spotter oder einen Triggerman?

Fragen Sie Ihre Mitreisenden – wenn Sie Zweifel haben, fahren Sie weiter.

Beginnen Sie mit dem 5 m Check. Suchen Sie den Bereich 5 m rund um das Fahrzeug genau ab. Arbeiten Sie überlappend aus verschiedenen Blickrichtungen und nutzen Sie unterschiedliche Erfahrungen Ihrer Mitreisenden. Und schauen Sie immer wieder auch unter das Auto.

Erweitern Sie Ihre Suche auf den Bereich von 25 m. Gehen Sie um Büsche und nicht begehbare Bereiche herum und isolieren[1] Sie

---

1 Sie müssen nicht in diese Bereiche hineinkriechen. Schauen Sie rund um diesen Bereich auf Kabel (versuchen Sie den Boden dazu mit einem Haken etwas aufzulockern), sichtbare Spuren von Grabungen, Antennen oder ungewöhnlichen Objekte.

diese. Versuchen Sie mögliche Zielmarkierungen auszumachen oder auch andere Anzeichen für einen Hinterhalt. Nähern Sie sich nicht an verdächtige Gegenstände an. Nutzen Sie Ferngläser oder Digitalkameras für eine genauere Identifizierung dieser Gegenstände.

*Und im Zweifel: Fahren Sie weiter.*

# ANHANG 4: WEITERE BEDROHUNGEN

## 1. ABGEREICHERTES URAN

Abgereichertes Uran (Depleted Uranium – DU) hat eine hohe Dichte, mit 19.05 kg/m$^3$ ist es 1,67 mal schwerer als Blei (11,34 kg/m$^3$). Als Gemisch mit 2 Prozent Molybdän oder 0,75 Prozent Titan und einer Sinterbehandlung bei etwa 3.000° C entsteht eine harte Legierung, entsprechend Wolframkarbid. Aber abgereichertes Uran ist 80 Prozent billiger als Wolfram, da es sich hier um ein Abfallprodukt aus der Brennelementeherstellung für Kernkraftwerke handelt. Wolfram muss zum größten Teil aus China eingeführt werden, während in den Industrieländern seit 1960 etwa 500.000 t DU entstanden sind. Daher haben die ehemalige Sowjetunion, die USA und andere Länder ihre Hartkerngeschossproduktion schon recht frühzeitig von Wolframkarbid auf DU umgestellt.

Mittlerweile werden auch Teile der Panzerung aus diesem Material hergestellt. Ebenso wird DU in Verkehrsflugzeugen und im Schwertkiel von Rennyachten als Trimmgewicht eingesetzt.

Allerdings ist Uran als Schwermetall giftig und kann in der Langzeitwirkung auf das vegetative Nervensystem des Menschen Einfluss haben. Weiterhin hat Uran pyrophore Eigenschaften und oxidiert an der Luft heftig.

Bei einem Aufschlag eines DU-Projektiles auf eine Panzerung brechen Teile der Spitze des Geschosses ab, allerdings sind die Bruchkanten sehr scharf und das Geschoss dringt weiter in die Panzerung vor, bis die Bewegungsenergie aufgebraucht oder die Panzerung durchschlagen ist. Dabei wird sehr viel Bewegungsenergie in Wärme umgesetzt und ein Zerfallsprozess in Gang gesetzt; das Geschoss zerfällt zu sehr stark komprimiertem heißen Staub. Wenn dieser Staub im Inneren eines Fahrzeuges freigesetzt wird, reagiert er sehr heftig mit dem Luftsauerstoff und brennt unter hoher Temperaturbildung ab. Damit können andere Teile im Fahrzeug, Munition, Treibstoff oder Ausrüstungsteile in Brand geraten, sowie die Besatzung getötet werden. Es besteht Explosionsgefahr.

Durch den speziellen Herstellungsprozess des Sinterns sondert die Oberfläche eines verschossenen DU-Projektiles Staubteilchen ab, sofern es beim Aufschlag durch die Reibung noch einmal erhitzt wurde. Dieser Zerfallsprozess hält an, bis das gesamte Geschoss im Laufe von Jahrzehnten komplett zu Staub zerfallen ist. All dies macht ein DU-Projektil, obwohl es keinen Explosivstoff enthält, so gefährlich.

DU-Projektile, die im Gelände liegen, können anhand der schwarzen oder dunkelgrünen, rußigen Staub gleichen Oberfläche identifiziert werden. Falls der Staub nicht offensichtlich sichtbar ist, weil er ggf. durch Regen abgewaschen wurde, ist das Projektil nicht weniger gefährlich. Innerhalb von wenigen Tagen wird sich auf der Oberfläche wiederum Staub durch Abplatzen gebildet haben.

**Hier könnte DU-Munition eingesetzt worden sein**

**ACHTUNG!**

Munition aus abgereichertem Uran wurde 1991 im ersten Golf-Krieg sehr häufig eingesetzt. Etwa eine Million Geschosse wurden eingesetzt, dies entspricht etwa 340 t abgereichertem Uran. Auf dem Balkan wurden in den später 90er Jahren etwa 11 t DU eingesetzt.

Im zweiten Golfkrieg wurden noch 75 t durch die Streitkräfte der USA eingesetzt.

Die medizinischen Untersuchungen über die Auswirkungen von Uranstaub auf den menschlichen Körper sind immer noch nicht abgeschlossen, bzw. werden geheim gehalten. Ein Zusammenhang zwischen dem Golfkrieg-Syndrom vieler US-Soldaten und dem Gebrauch von DU-Munition kann nicht ausgeschlossen werden.

Abgereichertes Uran kann eingeatmet oder über Mahlzeiten und Getränke eingenommen werden. Solange sich das Schwermetall außerhalb des Körpers befindet, ist es ungefährlich.

Einige einfache Grundregeln helfen, die Risiken durch DU-Munition für Sie herabzusetzen:

- Niemals auf oder in zerstörte militärische Einrichtungen klettern.
- In der Nähe von militärischen Einrichtungen keinen Müll aufnehmen, sich nicht Munitionsbehältern, Munition, zerstörten oder verlassenen militärischen Fahrzeugen nähern.
- Keine Souvenirs aus Kriegsmaterial einsammeln.

Wenn Sie sich in der Nähe von (vermuteten) DU-Geschossen aufhalten, sollten Sie:

- die Atemwege schützen und bedecken,
- den Bereich möglichst rasch verlassen,
- Hände und Gesicht mit Wasser und Seife gründlich waschen,
- die Kleidung auswaschen.

## 2. BIOLOGISCHE UND CHEMISCHE WAFFEN/ MUNITION[1]

Biologische Munition setzt Keime oder andere biologische Substanzen frei, die Sie entweder ernsthaft erkranken lassen oder töten. Die meisten biologischen Inhaltsstoffe müssen vom Körper aufgenommen werden. Sie gelangen über die Haut (Wunden, Kratzer), Atemwege oder über das Essen bzw. Getränke in den Körper. Einige biologische Wirkstoffe erzeugen ansteckende Krankheiten (z. B. Pocken), jeder Erkrankte wird somit wieder zum Überträger.

Chemische Munition kann giftige Gase, Flüssigkeiten oder Feststoffe freisetzen, die Zielpersonen vergiften sollen. Die Vergiftung kann über Hautkontakt, Einatmen und Verschlucken geschehen.

Biologische und chemische Kampfstoffe werden in der Regel durch die verschiedensten Waffensysteme eingesetzt. Neben Blindgängern ist in verlassenen oder zerstörten Munitionsdepots, Fertigungsstätten und Umschlagstellen mit dem Risiko dieser Kampfstoffe zu rechnen. Die folgenden Hinweise gelten auch für zivile biologische und chemische Betriebe, die vor allem während oder nach einem Konflikt in teil- oder vollständig zerstörtem Zustand eine beträchtliche Bedrohung für Leib und Leben darstellen können.

Während biologische und chemische Kampfstoffe in der Regel auf dem Gefechtsfeld durch Witterungseinflüsse ihre Wirkung im Laufe der Jahre verlieren[2], kann die Gefahr bei einem verlassenen Waffensystem ungleich größer sein. Der beste Rat ist auch hier, sich von

---

1 Umgangssprachlich wird von biologischen und chemischen Waffen gesprochen. Technisch ist es eine Munition, da die biologischen und chemischen Kampfstoffe hauptsächlich von Geschossen oder Gefechtsköpfen sowie von Bomben in das Ziel transportiert werden.

2 Verlassen Sie sich nicht darauf, diese Aussage ist relativ. Je nach Kampfstoff ist die Gefahr auch nach mehr als 100 Jahren noch groß genug, um Sie umzubringen, wenn Sie sich der Munition nähern oder sie aufnehmen.

Munitionsdepots und zurückgelassener Munition sowie von verdächtigen Tanks, Containern und Rohrleitungen fernzuhalten.

Mögliche Anzeichen für biologische oder chemische Munition könnten sein:

- Die Beobachtung, dass Gase oder Flüssigkeiten von Luftfahrzeugen über einem Ziel abgelassen werden
- Untypische Flüssigkeiten und Kennzeichnungen/Beschriftungen auf Tanks, Containern und Rohrleitungen
- Untypischer Geruch in der Luft
- Personen mit stark tränenden Augen, unkontrollierten Zuckungen, Husten, schweren Atemzügen oder ohne Orientierung
- Viele tote oder kranke Vögel, Fische und Kleintiere
- Plötzliches Unwohlsein oder Erkrankung

Wenn Sie diese Anzeichen bemerken, handeln Sie schnell:

- Nutzen Sie Ihre Schutzmaske.
- Suchen Sie rasch nichtkontaminiertes Gebiet auf.
- Gehen/Fahren Sie quer zur Windrichtung aus dem Gebiet heraus.
- Wenn die Substanz in einem Gebäude freigesetzt wurde, verlassen sofort Sie das Gebäude, möglichst ohne den kontaminierten Bereich zu betreten.
- Versuchen Sie die Quelle der Kontaminierung herauszufinden, aber laufen Sie nicht dorthin.
- Bedecken Sie Mund und Nase mit Tüchern.
- Wenn Sie das Gebäude nicht verlassen können (z. B. bei Beschuss), nutzen Sie jede Gelegenheit, den Gefahrenbereich so schnell wie möglich zu verlassen.

- Anschließend waschen Sie sich gründlich mit (warmem) Wasser und Seife.
- Informieren Sie die zuständigen Autoritäten (örtliches Mine Action Centre, Polizeistationen, Bürgermeister oder militärische Stellen).
- Kleidung wechseln

Wenn Ihre Augen tränen, Ihre Haut juckt oder brennt, Sie Probleme mit der Atmung haben oder andere ungewöhnliche Anzeichen auftreten, ist anzunehmen, dass Sie mit chemischen Kampfstoffen in Berührung gekommen sind. In diesem Falle sollten Sie die folgenden Maßnahmen ergreifen:

- Weder essen noch trinken oder rauchen.
- Ziehen Sie Ihre Kleidung aus und waschen Sie sich gründlich mit (warmem) Wasser und Seife. Nutzen Sie so viel Wasser wie möglich, reiben Sie nicht über die Haut, um den Kampfstoff nicht in die Haut zu übertragen.
- Suchen Sie medizinische Hilfe auf.

Falls Sie ggf. mit biologischen Kampfstoffen in Berührung gekommen sind:

- Weder essen, noch trinken.
- Achten Sie darauf, nicht mit anderen Personen in Kontakt zu kommen, um ggf. Krankheitskeime nicht weiterzugeben.
- Waschen Sie Ihre Hände regelmäßig.
- Teilen Sie mit niemandem Ihre Kleidung oder Ihr Essen/Ihre Getränke.
- Bedecken Sie Mund und Nase beim Husten oder Niesen mit Tüchern. Lassen Sie diese Tücher nicht herumliegen, sondern entsorgen Sie diese sorgfältig.
- Suchen Sie medizinische Hilfe auf.

# ANHANG 5: SCHUTZABSTÄNDE

Die folgende Tabelle dient als Anhalt für Schutzabstände. Die Abstände variieren je nach Beschaffenheit der Umgebung. In bebautem Gelände können die Schutzabstände kleiner gewählt werden, wenn ein Splitterwurf mit Einschlag von oben einberechnet wird. Auch die Explosivstoffmassen sind nur als Anhalt zu sehen, da die Brisanz des Explosivstoffes und die Masse pro Transportmittel variieren können. Militärische Sprengstoffe sind in der Regel leistungsstärker als Selbstbausprengstoffe.

**UNMAS Evakuierungsabstände**

| Bedrohung | Explosivstoff-Gewicht in TNT-Äquivalent[1] | Mindestabstand | Empfohlener Abstand |
|---|---|---|---|
| Rohrbombe | 2,3 kg<br>5 lbs | 130 m<br>430 ft | 375 m<br>1,200 ft |
| Selbstmordattentäter | 9,0 kg<br>20 lbs | 150 m<br>500 ft | 525 m<br>1,700 ft |
| Rucksack | 23 kg<br>50 lbs | 190 m<br>600 ft | 575 m<br>1,900 ft |
| Personenkraftwagen | 230 kg<br>500 lbs | 270 m<br>870 ft | 600 m<br>2,100 ft |
| Kombi / SUV | 460 kg<br>1,000 lbs | 300 m<br>1,000 ft | 725 m<br>2,400 ft |
| Bus / MiniVan | 1.800 kg<br>4,000 lbs | 375 m<br>1,225 ft | 1.150 m<br>3,800 ft |
| LKW bis 7,5 t | 4.600 kg<br>10,000 lbs | 440 m<br>1,450 ft | 1.560 m<br>5,100 ft |
| Tankwagen | 13.600 kg<br>30,000 lbs | 525 m<br>1,725 ft | 2.410 m<br>7,900 ft |
| Sattelauflieger | 27.200 kg<br>60,000 lbs | 575 m<br>1,875 ft | 2.840 m<br>9,500 ft |

[1] Ungefähre Explosivstoffmasse in dem Objekt
[2] Dies ist der Mindestabstand für Sicherheitspersonal. Es sollte sich geschützt hinter einer Mauer oder in einem gepanzerten Fahrzeug befinden. Vorsicht bei Splitterwurf, ein Schutz gegen Splitter von oben ist zwingend erforderlich.
[3] Empfohlener Abstand, wenn kein Schutz vorhanden ist.

# ANHANG 6: 9 LINER

Der „9 Liner" ist ein Formular für die Meldung eines Kampfmittels, z. B. IEDs. Hier können die wichtigsten Informationen an die Kampfmittelabwehrkräfte weitergegeben werden. Da das Formular in der Regel in englischer Sprache genutzt wird, hier eine Übersetzung des Formulars:

| | | |
|---|---|---|
| A | Wichtigkeit | sofort, dringend, Tagesgeschäft, keine Bedrohung |
| B | Berichterstatter | Dienstgrad oder Stellung<br>Name<br>Einheit oder Rufzeichen<br>Kommunikationsmittel |
| C | Ansprechpartner für weitere Informationen | Dienstgrad oder Stellung<br>Name<br>Einheit oder Rufzeichen<br>Kommunikationsmittel<br>Treffpunkt mit Kampfmittelabwehrkräften |
| D | Datum und Uhrzeit | Wann wurde das Kampfmittel gefunden? |
| E | Fundort/-gebiet des Kampfmittels | Koordinaten (System angeben)<br>Weitere Angaben zum Fundort<br>Unter der Wasseroberfläche (ja/nein)<br>Vergraben (ja/nein) |
| F | Mögliche Identifizierung | Was ist es, Stückzahl? |
| G | Unternommene Maßnahmen | Evakuierungsradius<br>Andere Schutzmaßnahmen |
| H | Welche Behinderung | Abbruch der Aufgabe, größere, kleinere, keine Behinderung |
| I | Wichtige zusätzliche Informationen | |
| J | Datum und Unterschrift | |

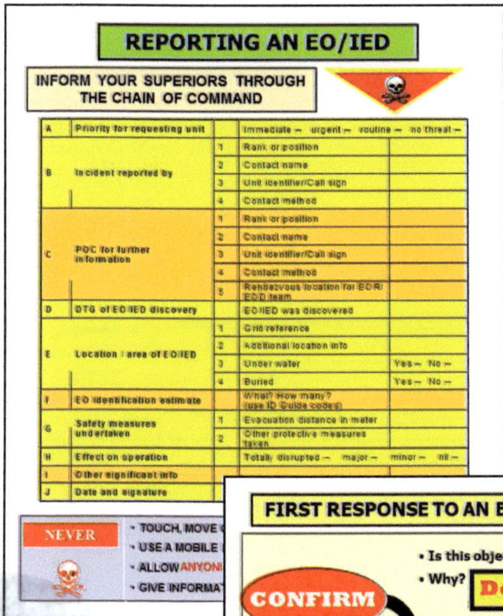

## REPORTING AN EO/IED

INFORM YOUR SUPERIORS THROUGH THE CHAIN OF COMMAND

| | | | | |
|---|---|---|---|---|
| A | Priority for requesting unit | | Immediate – urgent – routine – no threat – | |
| B | Incident reported by | 1 | Rank or position | |
| | | 2 | Contact name | |
| | | 3 | Unit identifier/Call sign | |
| | | 4 | Contact method | |
| C | POC for further information | 1 | Rank or position | |
| | | 2 | Contact name | |
| | | 3 | Unit identifier/Call sign | |
| | | 4 | Contact method | |
| | | 5 | Rendezvous location for EOR/ EOD team | |
| D | DTG of EO/IED discovery | | EO/IED was discovered | |
| E | Location / area of EO/IED | 1 | Grid reference | |
| | | 2 | Additional location info | |
| | | 3 | Under water | Yes – No – |
| | | 4 | Buried | Yes – No – |
| F | EO identification estimate | | What? How many? (use ID Guide codes) | |
| G | Safety measures undertaken | 1 | Evacuation distance in meter | |
| | | 2 | Other protective measures taken | |
| H | Effect on operation | | Totally disrupted – major – minor – nil – | |
| I | Other significant info | | | |
| J | Date and signature | | | |

NEVER
- TOUCH, MOVE
- USE A MOBILE
- ALLOW ANYON
- GIVE INFORMA

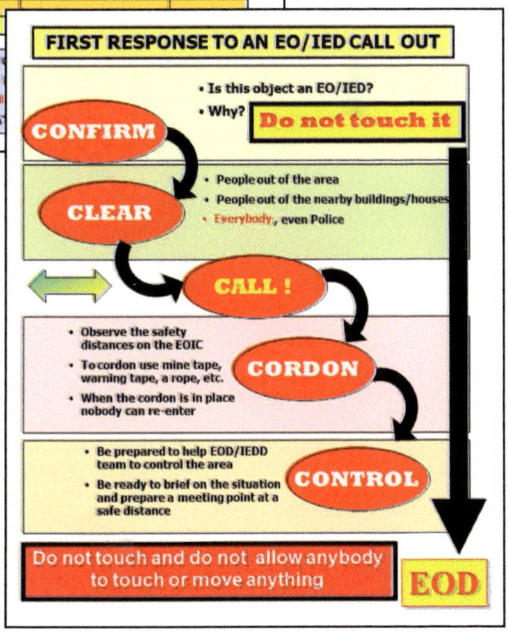

# ANHANG 7: BEGRIFFSBESTIMMUNGEN

Im folgenden Anhang werden Ihnen technische Begriffe aus diesem Handbuch erläutert. Ziel ist, Sie bei der Nutzung der technischen und juristischen Fachbegriffe zu unterstützen, wie sie z. B. in der „Convention on Certain Conventional Weapons[1]“ aus dem Jahre 1980 und ihren in den Folgejahren beschlossenen Protokollen festgelegt sind. Hier ist stellvertretend die „Convention on the Prohibition on the Use, Stockpiling, Production and Transfer of Anti-Personnel-Mines and on their Destruction“ (auch bekannt unter der Bezeichnung „Anti-Personnel Mine-Ban Treaty“ oder „Ottawa Treaty“)[2] zu nennen.

Die englischen Fachbegriffe werden kursiv in Klammern beigefügt.

## Blindgänger, nicht zur Wirkung gekommene Munition *(Unexploded Ordnance – UXO)*

Munition, deren Wirkladung nicht umgesetzt hat, sogenannte Blindgänger. Dies können Bomben, Geschosse, Granaten und andere Kampfmittel sein, die abgeworfen, verschossen oder geworfen wurden, aber deren Zündsystem versagt hat. Da in der Regel von außen nicht ersichtlich ist, warum das Zündsystem nicht ausgelöst hat, ist davon auszugehen, dass die Munition gefährlich ist.

## Explosive Rückstände von Kampfhandlungen *(Explosive Remnants of War – ERW)*

Dies sind alle zurückgelassenen Kampfmittel, die nach einem bewaffneten Konflikt in einem ehemaligen Kampfgebiet aufzufinden

1 Übereinkunft über bestimmte konventionelle Waffen (Munition)

2 Übereinkunft über das Verbot der Nutzung, Lagerung, Herstellung und Verlagerung von Schützenabwehrminen und ihre Vernichtung – auch bekannt unter den Namen Vertrag über die Verbannung von Schützenabwehrminen oder Ottawa Übereinkunft

sind und die ein explosives Potenzial haben. Der Begriff beinhaltet nicht eingesetzte zurückgelassene Kampfmittel, Sprengfallen, USBVs/IEDs und gewissermaßen auch zurückgelassene oder zerstörte militärische Fahrzeuge und Gegenstände, da in diesen Objekten auch wiederum Kampfmittel aufzufinden sind. Im internationalen Sprachgebrauch zählen Landminen wie Schützenabwehr- oder Panzerabwehrminen nicht zu den explosiven Rückständen, da Minen und ERW unter verschiedene internationale Übereinkommen fallen, z. B. dem Anti-Personnel Mine-Ban Treaty und der Convention on Certain Conventional Weapons (Protokoll V).[3]

## Knickzünder *(Tilt Rod)*

Ein dünner Stab, der mit einem auf Winkelauslenkung reagierenden Zünder verbunden ist. Diese Zünder werden vielfach bei Furten unter Wasser oder im hohen Gras eingesetzt, so dass sie nicht erkennbar sind.

## *Mine Action Centre – MAC*

Eine (örtliche) Zentrale, in der die Aufgaben und Informationen für die Minenräumung gebündelt werden. Ein MAC wird gewöhnlich von einem Staat oder von den Vereinten Nationen unterhalten.

## Minenmarkierung *(Mine Marking)*

Das organisierte Erkunden und Markieren von Minen- und Kampfmittelfeldern. Minen- und Kampfmittelfelder werden mit standardisierten Warntafeln versehen um die Bevölkerung zu warnen.

## Minenräumung *(Mine Action)*

Im internationalen Sprachgebrauch werden hierunter alle Maßnahmen verstanden, die die Bedrohung durch (zurückgelassene) Kampf-

3 Siehe Fußnote 1 und 2.

mittel, Blindgänger und zurückgelassene USBVs/IEDs für die örtliche Bevölkerung reduzieren. Es wurden durch die Vereinten Nationen (*United Nations*) fünf Hauptaufgaben für die Minenräumung definiert:

- Information der Bevölkerung über die Risiken von Munition,
- Unterstützung bei der Verbannung von Landminen und anderer Munition, die nicht nur gegen Kombattanten, sondern auch gegen die Zivilbevölkerung eingesetzt werden können,
- Unterstützung der Opfer und Hinterbliebenen von Unfällen mit Landminen, zurückgelassenen Kampfmitteln, Blindgängern und USBVs/IEDs,
- Minenräumung und Kampfmittelabwehr,
- Zerstörung von Munitionslagern.

Minenräumung beinhaltet nicht generell die Beseitigung von USBVs/IEDs. Dies ist, auch wegen der Beweissicherung, zumeist die Aufgabe der Sicherheitskräfte, z. B. der Polizei.

## Panzerabwehrmine *(Anti-Vehicle Mine, Anti-Tank Mine, AV-/AP-Mine)*

Panzerabwehrminen sollen (Kampf-)Fahrzeuge, wie z. B. Kampfpanzer, beschädigen oder zerstören. Diese Minen reagieren normalerweise auf Druck durch Hinüberfahren, aber auch Magnetfeldmessungen oder das Knicken eines Glasfaserkabels zur Auslösung sind bei modernen Panzerabwehrminen möglich. Die benötigte Auslösemasse ist beim Herüberfahren größer als bei einer Schützenabwehrmine. Man sollte sich aber nicht darauf verlassen. Falls die Mine beschädigt oder manipuliert wurde, reichen auch geringe Massen. Panzerabwehrminen werden oft in Kombination mit Schützenabwehrminen eingesetzt.

## Schützenabwehrmine *(Anti-Personnel Mine, AP-Mine)*

Diese Art der Landmine wurde entwickelt, um eine oder mehrere Personen zu verwunden oder zu töten. Schützenabwehrminen explodieren beim Herauftreten oder beim Ziehen an einem Stolperdraht. Eine andere Auslösemöglichkeit ist die Fernauslösung durch einen Beobachter (per Zugdraht, *Command-Pulled* oder elektrisch, *Command-Wire*). Schützenabwehrminen können gegen Aufnahme gesichert werden und werden vielfach in Kombination mit Panzerabwehrminen eingesetzt.

## Sprengfalle *(Booby Trap)*

Eine mit Sprengstoff oder Pyrotechnik versehene Vorrichtung, die zur Warnung von Truppen oder deren Schutz ausgelegt wurde. Vielfach werden ungefährlich aussehende Gegenstände manipuliert und ausgelegt oder Sprengfallen in Kombination mit scheinbar sicheren Handlungen ausgelegt. So kann das Öffnen einer Tür oder das Aufnehmen eines Buches eine Sprengfalle auslösen. Sprengfallen, die Sprengstoffe enthalten, können je nach Konstruktion auch als USBV oder IED bezeichnet werden.

## Springmine *(Bounding Mine)*

Eine Schützenabwehrmine, welche in der Regel über einen Stolperdraht, seltener per Druck ausgelöst wird. Die Mine besteht aus zwei Segmenten, einem Abschussbecher und dem Wirkkörper. Beide sind durch eine Kette oder ein Kabel verbunden. Der Wirkkörper wird durch eine Treibladung hochgeschleudert und explodiert beim Straffen der Kette oder des Kabels in einer vorher definierten Höhe. Die Splitter werden somit in einer optimalen Höhe um 360 Grad verteilt.

## Stolperdraht *(Tripwire)*

Ein dünner, nicht reflektierender Metall- oder Kunststoffdraht, welcher mit dem Zugzünder einer Schützenabwehrmine oder einer Sprengfalle verbunden ist. Der Stolperdraht wird in der Regel knapp über dem Erdboden gespannt, so dass man mit dem Fuß an dem Draht zieht und so die Munition auslöst. Durch einen Federmechanismus kann man erreichen, dass der Zünder auch bei Durchschneiden des Drahtes auslöst.

## Unkonventionelle Spreng- und Brandvorrichtung – USBV *(Improvised Explosive Device – IED)*

Eine USBV ist definiert als eine improvisierte und nicht standardisierte Einrichtung, hergestellt aus örtlich verfügbaren Rohmaterialien. Dies können neben militärischen Komponenten (Handgranaten, Minen oder Artilleriegeschossen) auch Düngemittel oder andere chemische Produkte sein. Als Wirkladung können Explosivstoffe, nukleare, biologische oder chemische Stoffe verwendet werden, die eine zerstörerische, tödliche oder schädliche Wirkung haben. Hohe Fertigungsqualität, Serienproduktion, Technologietransfer und Weiterentwicklungen machen USBVs/IEDs zu einer immer ernsteren Bedrohung.

## Zünder *(Fuze oder Fuse)*

Der Zünder ist eine funktionale Komponente der Munition, der eine Auslösung des Wirkteils zum gewünschten Zeitpunkt am gewünschten Ort vorsehen soll. Er enthält eine oder mehrere Sicherungseinrichtungen, die einen sicheren Umgang mit der Munition (Herstellung, Transport, Lagerung und Verschuss) bewerkstelligen sollen.

## Zurückgelassene Kampfmittel *(Abandoned Ordnance)*

Dies sind Kampfmittel, die nicht genutzt wurden, sich aber nicht mehr unter der Kontrolle der jeweiligen Kombattanten befinden. Es kann sich dabei um kleinkalibrige Munition für Handwaffen, aber auch um Panzer- und Artilleriemunition, sowie Handgranaten, Bomben und Flugkörper handeln. Zurückgelassene Kampfmittel kann man in Depots, aber auch in Kampfständen auffinden.

## Zurückgelassene Unkonventionelle Spreng- und Brandvorrichtung (USBV) *(Abandoned IED, Remnant IED)*

Eine zurückgelassene USBV ist definiert als eine improvisierte und nicht standardisierte Einrichtung, die nicht genutzt wurde und die nicht mehr unter der Kontrolle der Kräfte ist, die sie einsetzen wollten. Da bei diesen Vorrichtungen vielfach selbst hergestellte Sprengstoffe, Zünder und andere Teile verwendet werden, sind USBVs/IEDs sehr gefährlich und vielfach instabil. Sie können bei der leichtesten Berührung oder bei Änderungen in den Umgebungsbedingungen explodieren. USBVs/IEDs werden oft genutzt, um (zurückgelassene) Waffen- und Munitionslager sowie -verstecke gegen Zugriff zu sichern.

# ANHANG 8: ABKÜRZUNGSVERZEICHNIS

In der internationalen Zusammenarbeit werden von der zivilen und militärischen Seite zumeist die englischen Abkürzungen genutzt. Neben dem gebräuchlichen englischen Begriff wird die deutsche Übersetzung und ggf. ein Stichwort zur näheren Einordnung angegeben. Viele dieser Abkürzungen sind nicht offiziell, sondern haben sich im Laufe der Jahre in der internationalen Zusammenarbeit als nützlich erwiesen.

| | | | |
|---|---|---|---|
| AN (FO) | Ammonium Nitrate (Fuel Oil) | Ammoniumnitrat (Diesel) | Sprengstoff |
| ANS | Ammonium Nitrate Sugar | Ammoniumnitrat Zucker | Sprengstoff |
| AP | Armor Piercing | Panzerbrechend | Munitionssorte |
| APDSFS | Armor Piercing Discarding Sabot Fin Stabilized | Panzerbrechend mit Treibspiegel, flügelstabilisiert | Munitionssorte, deutsch: KE |
| API | Armor Piercing Incendiary | Panzerbrechend mit Brandeffekt | Munitionssorte |
| APSE | Armor Piercing Secondary Effect | Panzerbrechend mit Zusatzeffekt | Munitionssorte |
| AP Mine | Anti-Personnel Mine | Schützenabwehrmine | Munitionsart |
| AT Mine | Anti-Tank Mine | Panzerabwehrmine | Munitionsart, entspricht AV-Mine |
| AV Mine | Anti-Vehicle Mine | Fahrzeugabwehrmine | Munitionsart, entspricht AP-Mine |
| BI | Blast Incendiary | Sprengwirkung-Brand | Munitionssorte |
| BIP | Blow in Place | Vernichtung am Fundort | Hinweis auf Verbleib der Munition |
| Blank | Drill-Ammunition | Exerziermunition | Munitionssorte |
| CEX | Commercial Explosives | Zivile Sprengstoffe | z. B. Nutzung im Bergbau |

| | | | |
|---|---|---|---|
| CJEODC | Combined Joined EOD Cell | Gemeinsame missionsübergreifende EOD Leitstelle | Höhere Kommandoebene |
| CN | Anti-Riot Ammunition | Nicht letale Munition | umgangssprachlich: Tränengas |
| CO-IED | Command Operated IED | Ferngesteuertes USBV | Fernauslösung nicht näher bekannt |
| CP | Checkpoint | Kontrollpunkt | legal oder illegal |
| CP-IED | Command Pulled IED | Ferngesteuertes USBV | über Zugdraht |
| CS | Anti-Riot Ammunition | Nicht letale Munition | Reizstoff, wirkt beklemmend |
| CW-IED | Command Wire IED | Ferngesteuertes USBV | elektrisch per Kabel |
| DIME | Dense Inert Metal Explosives | Munition mit Mikro-Splittern | Munitionssorte mit hoher letaler Wirkung und geringem Splitterradius |
| DFC | Direct Focused Charge | Gerichtete Sprengladung | zumeist gerichtetes USBV |
| DFFC | Direct Focused Fragmentation Charge | Gerichtete Sprengladung mit Splitterwirkung | zumeist gerichtetes USBV |
| DP | Dual Purpose (HE/HEAT) | Mehrzweckmunition (Spreng-/Hohlladung) | Munitionssorte (deutsch: MZ) |
| DU | Depleted Uranium | Abgereichertes Uran | Rohstoff für Hartkern |
| ECM | Electronic Countermeasures | Elektronische Gegenmaßnahmen | zumeist Jammer |
| EFP | Explosive Formed Projectile | Projektilbildende Hohlladung | Munitionssorte, Erzeugen eines schnellen Projektils mit hoher Durchschlagsleistung |
| EO | Explosive Ordnance | Kampfmittel | allgemeiner Begriff |
| EOD | Explosive Ordnance Disposal | Kampfmittelbeseitigung | deutsch: Kampfmittelabwehr |
| EODCC | EOD Coordination Cell | Kampfmittelbeseitigungsleitstelle | national besetzt |

| | | | |
|---|---|---|---|
| EOR | Explosive Ordnance Reconnaissance | Kampfmittelaufklärung | militärischer Begriff für Kampfmittelsuche |
| ERW | Explosive Remnants of War | Zurückgelassene Kampfmittel/Blindgänger | allgemeiner Begriff |
| FAE | Fuel Air Explosives | Treibstoff-Luft-Sprengstoff | Mechanismus: Verpuffung fein zerstäubter brennbarer Flüssigkeiten |
| FM | Titantetrachlorid (Smoke composition) | Titantetrachlorid (Nebelstoff) | in Geschossen, Granaten und Bomben |
| FP | Firing Point | Beobachtungspunkt | für Triggerman oder Spotter |
| FRAG | Fragmentation | Splitterbildende Munition | zumeist im Zusammenhang mit HE |
| HC | Hexachlorethan (Smoke composition) | Hexachloräthan (Nebelstoff) | in Geschossen, Granaten und Bomben |
| HC-HQ | Higher Command Headquarter | Höhere Kommandobehörde | |
| HE | High Explosive | Munition mit Sprengwirkung | Munitionssorte |
| HEAT | High Explosive Anti-Tank | Munition mit Hohlladung | Munitionssorte, panzerbrechend |
| HEI | High Explosive Incendiary | Munition mit Spreng- und Brandwirkung | Munitionssorte |
| HESH | High Explosive Squash Head | Munition mit Sprengwirkung (Quetschkopfmunition) | Munitionssorte, panzerbrechend |
| HME | Home Made Explosives | Selbstlaborate | genutzt in IEDs |
| HVAP | High Velocity Armor Piercing | Panzerbrechendes schnelles Projektil | Munitionssorte |
| I | Incendiary | Munition mit Brandwirkung | Munitionssorte |

| | | | |
|---|---|---|---|
| IATG | International Ammunition Technical Guidelines | Schutz- und Sicherheitsbestimmungen für den Umgang mit Munition | |
| ICM | Improved Conventional Munition | Munition mit Bomblets als Nutzlast | Munitionssorte |
| ICP | Incident Control Point | Einsatzleitstelle | wird bei Such- und Räumvorhaben installiert |
| IED | Improvised Explosive Device | Unkonventionelle Brandvorrichtung | |
| IEDD | Improvised Explosive Device Disposal | Beseitigung von Unkonventionellen Spreng- und Brandvorrichtungen | |
| IID | Improvised Incendiary Device | Unkonventionelle Brandvorrichtung | |
| ILLUM | Illumination | Leuchtmunition | Munitionssorte |
| IMAS | International Mine Action Standard | Schutz- und Sicherheitsbestimmungen für das Räumen von Minen und Kampfmitteln | |
| IR | Infra Red | Infrarot | Wärmestrahlung, nicht sichtbares Licht |
| JEODCC | Joint EOD Coordination Cell | Gemeinsame EOD Einsatzleitstelle | Höhere (NATO-) Kommandoebene |
| LC-IED | Light Command-IED | Ferngesteuertes USBV | Auslösung per (Blitz-)Licht |
| LCC-HQ | Land Component Command Headquarter | Höhere militärische Kommandobehörde | Heer |
| LMC-PP | Low Metal Contact Pressure Plate | Druckplatte mit geringem Metallanteil | Sensor eines VO-IED |
| MA-IED | Magnetically Attached IED | Per Magnet befestigtes USBV | Auslösung zumeist per Funk oder Zeit |
| MILEX | Military Explosives | Militärischer Sprengstoff | z. B. TNT |
| MNEODCC | Multinational EOD Coordination Cell | Multinationale EOD Einsatzleitstelle | Mittlere Kommandoebene |

| | | | |
|---|---|---|---|
| PB-IED | Person Borne IED | Durch Personen eingebrachtes USBV | Zumeist Selbstmordattentäter, dann SB-IED |
| PC-IED | Projectile Controlled IED | Ferngesteuertes USBV | Auslösung durch gezielten Schuss auf Sensor |
| PIR-IED | Passive Infrared IED | Opfergesteuertes IED | Auslösung durch die Wärmestrahlung des Opfers |
| PR-IED | Pressure Release IED | Opfergesteuertes IED | Auslösung durch Entlasten des Zünders (auch bei Sprengfallen zu finden) |
| PRAC | Practice | Übungsmunition | Munitionssorte |
| PSSM | Physical Security and Stockpile Management | Maßnahmen zum Diebstahlschutz und zur Erfassung von Waffen und Munition | |
| RC-IED | Radio Controlled IED | Ferngesteuertes IED | Auslösung per Funk oder Mobiltelefon |
| RDX | Hexogen | Hexogen | Militärischer Sprengstoff |
| RFT | Radio Fob Trigger | Fernsteuerung | für Garagentore etc., Nutzung bei IEDs |
| RP | Red Phosphorous (Smoke Composition) | Roter Phosphor (Nebelstoff) | in Geschossen, Granaten und Bomben |
| RSP | Render Safe Procedure | Kampfmittelbeseitigungsmaßnahme | zumeist Entzündern |
| SALW | Small Arms and Light Weapons | Tragbare (Hand-)Waffen | Pistole, Gewehr, MG, Panzerfaust |
| SB-IED | Suicide Bomber IED | USBV mit Selbstmordattentäter | auch fahrzeuggestützt möglich |

| | | | |
|---|---|---|---|
| SDC | Self Destruct Charge | Selbstzerlegeeinrichtung | Auslösung einer Munition nach vorgegebener Liegezeit im Zielgebiet |
| STANAG | (NATO-) Standardization Agreement | Vorschriftensammlung der NATO | |
| TO-IED | Time Operated IED | Zeitausgelöstes IED | Mechanisch, elektronisch oder chemisch |
| TTP | Tactics, Techniques, Procedures | Taktik, Technik und Maßnahmen | |
| USBV | – | Unkonventionelle Spreng- und Brandvorrichtung | englisch: IED |
| UV-IED | Under Vehicle IED | Unter dem Fahrzeug angebrachtes USBV | |
| UXO | Unexploded Explosive Ordnance | Blindgänger | |
| VB-IED | Vehicle Borne IED | Mit dem Fahrzeug verbrachtes USBV | Auch als SBVB-IED |
| VCP | Vehicle Checkpoint | Fahrzeugkontrollstelle | |
| VO-IED | Victim Operated IED | Opferausgelöstes USBV | z. B. mit einer Druckplatte |
| VP | Vulnerable Point | Anschlagssensible Stelle | zum Beispiel Brücke oder Engstelle |
| WAM | Weapon and Ammunition Management | Maßnahmen zum Diebstahlschutz und zur Erfassung von Waffen und Munition | |
| WET | Weapon Exploitation Team | (Polizeiliche) Ermittlungsgruppe nach Anschlägen, neu für WIT | |
| WIT | Weapon Intelligence Team | (Polizeiliche) Ermittlungsgruppe nach Anschlägen, alt für WET | |
| WP | White Phosphorous (Smoke Composition) | Weißer Phosphor (Nebelstoff) | in Geschossen, Granaten und Bomben |

# ANHANG 9: WEITERGEHENDE INFORMATIONEN

## Allgemeine Informationen

www.mineaction.org/unmas
www.gichd.org
www.peaceopstraining.org
www.jmu.edu/cisr/index.shtml

## Technische Informationen zum Minenräumen:

www.un.org/disarmament/un-saferguard/guide-lines
www.mineactionstandards.org

## Informationen über Munition:

www.cat-uxo.com
www.rwd-mb3.de
www.lexpev.nl
sowie weitere.

Ein nicht geräumtes Schützenabwehrminenfeld in Deutschland, mehr als 70 Jahre nach Ende des Zweiten Weltkriegs. Copyright: Markus Schwein

NOTFALL-
ANSPRECHPARTNER

NOTIZEN

## NOTFALL-ANSPRECHPARTNER

Nutzen Sie diesen Bereich zum Hinterlegen der Details, Telefonnummern und Frequenzen Ihrer Ansprechpartner (Hauptquartier, Sicherheitspersonal, Polizeistation, Krankenhäuser, Mine Action Centre):

## NOTIZEN